THE PARDONER
AND THE FRIAR
1533

THE FOUR Ps
? 1544

THE MALONE SOCIETY
REPRINTS
1984

THE PARDONER
AND THE FRIAR

1533

THE MALONE SOCIETY
REPRINTS
1984

This reprint of William Rastell's edition of *The Pardoner and the Friar* (1533) has been prepared by G. R. Proudfoot and checked by J. Pitcher.

September 1984   G. R. PROUDFOOT

'A mery play betwene the pardoner and the frere / the curate and neybour Pratte' was printed by William Rastell in 1533: the colophon specifies the date as 'the .v. day of Apryll'. The close typographical similarity between this play and 'A mery play betwene Iohan Iohan the husbande / Tyb his wyfe / & syr Ihān the preest', printed by Rastell with a colophon dated 12 February 1533, led Greg [*Bibliography*, I, 88] to suggest that *Johan Johan* was more likely printed in February 1532/3 than in February 1533/4. His argument, however, seems inconclusive as the type used for both books is found in books from Rastell's shop dated from 1529 to 1534. This type is a bastard black letter (20 ll. = 100 mm): it is illustrated in fig. 74 of F. Isaac, *English and Scottish Printing Types* 1501–35 * 1508–41. The only two known copies of Rastell's edition are now in the Henry E. Huntington Library (61433) and the Pepys Library at Magdalene College, Cambridge. The Huntington copy was at one time in the library of Humfry Dyson, whose signature appears on fol. A1. From his library it passed into the keeping of Richard Smith and was among his books sold in 1682 by Chiswell. At a later date it was purchased at the sale of 'Mr. Nassau's Library' for the collection of the Duke of Devonshire at Chatsworth; passing thence to the Huntington collection, where it was catalogued on 23 June 1916.

The Pardoner and the Friar was first attributed to John Heywood by Francis Kirkman in the list of English plays appended to his editions of *Tom Tyler* (1661) and *Nicomede* (1671) in which he listed as Heywood's the six interludes which remain the basis of the canon of his dramatic works. *The Pardoner and the Friar* appears between *Johan Johan* and *Gentleness and Nobility* as 'Ioh.Heywood A Play between the Pardoner and the Frier, the Curate and Neighbour Prat. I' ('I' signifying 'interlude'). In his 'Advertisement to the Reader' after the revised list of 1671, Kirkman gives no precise evidence for his attributions to Heywood but has this to say of him: 'He that was the first Play-writer, I find to be one *Heywood*, not *Thomas*, but *John Heywood*, who writ seven several Playes, which he calls Interludes; and they are very old, being Printed with the first of our *English* Printing; and he makes notable work with the then Clergy.' The attribution of *The Pardoner and the Friar* to

Heywood has been generally accepted as plausible in spite of the lack of substantial evidence for it. The strongest support for the attribution comes from the close connection between Heywood and William Rastell, whose sister, Joan, Heywood married about 1523, and who printed three other plays of Heywood's in 1533, *The Play of Love* and *The Play of the Weather*, both of which he attributed to Heywood, and *Johan Johan*, printed, like *The Pardoner and the Friar*, without title-page, list of characters, or any indication of authorship. Heywood's authorship of *The Pardoner and the Friar* has also been held likely on the strength of its resemblances to *The Four Ps*, printed as his by William Middleton about 1544.

    The Pardoner and the Friar was reprinted ('about 1820' according to J. S. Farmer) by George Smeeton at St. Martin's Church Yard, in type facsimile. In 1848 F. J. Child included it in a collection of *Four Old Plays* (Cambridge, Mass.), with *Jack Juggler*, *Thyestes*, and *Jocasta*. Farmer's edition of *The Dramatic Writings of John Heywood* (1905) included it, and in 1909 a collotype facsimile of the Pepys copy was published as one of his series of *Tudor Facsimile Texts*. It has been reprinted in later collections of Heywood's plays and in many anthologies, from W. C. Hazlitt's edition of Dodsley's *Old Plays*, vol. 1 (1874) onwards. The present reprint, which is, of course, reduced in size from the original small folio, has been prepared from xerox of the Huntington copy and checked against both copies of the original.

A Note on the Text

Variant sorts of the letters ꝺ (with looped ascender), m and n (with final minim extended downwards) have not been reproduced. The distinction between ligatured and unligatured ſt is retained, but not that between ligatured and unligatured ll. Ligatured ll is found in only two formes, as follows: B1ᵛ:4 (11:12), B2:3ᵛ (14:15). Its absence elsewhere suggests the use of a second typecase for these four pages and may imply the work of a second compositor. Lower-case w is used at the start of four lines on B2ᵛ (468, 479, 482, 484), seven on B3 (502, 504, 506, 508, 509, 514, 534), and one on B4 (612), indicating a shortage of upper-case Ws when the forme B2ᵛ:3 was set, and perhaps also for B4.

HN   PEPYS

B4, l. 616   weneth   wenoth

LIST OF IRREGULAR AND DOUBTFUL READINGS

8   Jcom
33   no ꝛfoꝛ
34   luche
71   colacẏou
72   pꝛeſe (? for pꝛeſence)
88   good (for god)
108   ſcoꝛne (? for no ſcoꝛne)
129   foule (? for faule = fallen)
148   Ge (for He)
160   Hf (for Of)
172   ueuer
226   Lacks (at end of line before turnunder (cf. 354, 438, 464).
275   Lacks speech prefix pardo. (added in MS; HN, Pepys in very dissimilar
      hands).
      a curſt
294   ℂ does not start new speech.
295   eareſt
310   gẏdeꬶ (? for gẏde, gẏder)
313   thon
315   de ſpẏſeſt
326   ſwewed
329   Lacks ℂ (also 331, 349, 385, 387, 393, 441, 481, 555, 624, 648, 651).
330   tkẏnge
331–6   Speech prefixes all one line too high.
331   Lacks speech prefix pardo.
398   woꝛdlẏ
418   ihou
450   lẏuẏuge
496   /ſo ſhulde/
508   aud
522   kuaue
539   frere· (. turned)
587   egoteleꬶ (? for couteleꬶ = knives: cugelleꬶ)
588   ſẏuge
621   Speech prefix pardo. (? for frere.; cf. l. 617)

DRAMATIS PERSONAE

FRIAR
PARDONER
CURATE (PARSON)
Neighbour PRAT

¶ A mery play betwene
the pardoner and the frere / the curate
and neybour Pratte.

¶ The frere.

Deus hic / the holy trynyte
Preserue all / that nowe here be
Dere bretherne / yf ye wyll consyder
The cause why / I am come hyder
Ye wolde be glad / to knowe my entent

START OF TEXT (A1) OF WILLIAM RASTELL'S FOLIO, 1533 (PEPYS)

Prat with the pardoner / & the parson with the frere

parsō. ¶ Helpe helpe neybour prat neybour prat
In the worshyp of god / helpe me somwhat
p̄at. ¶ Nay deale as thou canst with that e..fe
for why I haue inoughe to do my selfe
Alas for payn I am almoste dede
The reede blood so ronneth downe about my hede
Nay and thou canst I pray the helpe me
parsō. Nay by the mas felowe it wyll not be
I haue more tow on my dystaffe / thā I can well spyn
The cursed frere dothe the vpper hande wyn
frere. Wyll ye leue than / and let vs in peace departe
ps.&pt ¶ Ye by our lady / euen with all our harte
fre pd. ¶ Than adew to the deuyll tyll we come agayn
psō.pt ¶ And a my chefe go with you bothe twayne.

Imprynted by Wyllyam Rastell the .v. day
of Apryll / the yere of our lorde. M.
CCCCC.xxxiii.

¶ Cum priuilegio.

COLOPHON (B4ᵛ) OF RASTELL'S FOLIO, 1533 (PEPYS)

¶ A mery play betwene

the pardoner and the frere / the curate
and neybour Pratte.

¶ The frere.

Eus hic / the holy trynyte
Preserue all / that nowe here be
Dere bretherne / yf ye wyll consyder
The cause why / I am come hyder
Ye wolde be glad / to knowe my entent
For I com not hyther / for monye nor for rent
I com not hyther / for meate nor for meale
But I com hyther / for your soules heale
I com not hyther / to poll nor to shaue   10
I com not hyther to begge nor to craue
I com not hyther / to glose nor to flatter
I com not hyther to bable nor to clatter
I com not hyther / to fable nor to lye
But I come hyther / your soules to edyfye
For we freres / are bounde the people to teche
The gospell of Chryst / openly to preche
As dyd the appostels / by Chryst theyr mayster sent
To turne the people / and make them to repent
But syth the appostels / fro heuen wolde not come   20
We freres now / must occupy theyr rome
We freres are bounde / to serche mennes conscyens
We may not care for grotes / nor for pens
We freres haue professed / wylfull pouerte
No peny in our purse / haue may we
Knyfe nor staffe / may we none cary
Excepte we shulde / from the gospell vary
For worldly aduersyte / may we be in no sorowe
We may not care to day / for our meate to morowe
Bare fote and bare legged / must we go also   30
We may not care / for frost nor snowe
We may haue / no maner care ne thynke
Nother for our meate / no rfor our drynke
But let our thoughtes / fro suche thynges be as free
As be the brydes / that in the ayre flee
For why our lorde / clyped swete Jesus
In the gospell / speketh to vs thus

A.i.

Through all the worlde /go ye sayth he
And to euery creature /speke ye of me
And shew of my doctryne /and connynge 40
And that they may /be glad of your comynge
Yf that you enter /in any hous any where
Loke that ye salute them /and byd my peas be there
And yf that house / be worthy and electe
Thylke peace there /than shall take effecte
And yf that hous /be cursyd or paruert
Thylke peace than shall to your selfe reuert
And furthermore /yf any suche there be
Which do deny /for to receyue ye
And do dyspyse /your doctryne and your lore 50
At suche a house /tary ye no more
And from your shoes /scrape away the dust
To theyr reprefe /and I bothe trew and iust
Shall vengeaunce take /of theyr synfull dede
℃ Wherfore my frendes /to this text take ye hede
Beware how ye /despyse the pore freres
Which ar in this worlde /crystes mynysters
But do them with an harty chere receyue
Leste they happen /your houses for to leue
And than god wyll take vengeaunce in his yre 60
Wherfore I now /that am a pore frere
Dyd enquere /were any people were
Which were dysposyd /the worde of god to here
And as I cam hether /one dyd me tell
That in this towne /ryght good folke dyd dwell
Which to here the worde of god wolde be glad
And as sone as I /therof knolege had
I hyder hyed me as fast as I myght
Entendyd by the grace of god almyght
And by your pacyens /and supportacyon 70
Here to make / a symple colacyou
Wherfore I requyre all ye in this prese
For to abyde /and gyue dew audyence
℃ But fyrst of all
Now here I shall
To god my prayer make
To gyue ye grace
All in thys place

His doctryne for to take.

℃ And than kneleth downe the frere sayenge his pray= 80
ers / and in the meane whyle entreth the pardoner with
all his relyques / to declare what eche of them ben / and
the hole power and vertu therof.

℃ The pardoner.

℃ God and saynt Leonarde sende ye all his grace
As many as ben / assembled in this place
℃ Good deuoute people / that here do assemble
I pray good / that ye may all well resemble
The ymage / after whiche you are wrought
And that ye saue / that Chryst in you bought   90
℃ Deuoute Chrysten people / ye shall all wytte
That I am comen hyther / ye to bysytte
Wherfore let vs pray / thus or I begynne
Our sauyoure preserue ye / all from synne
And enable ye to receyue / this blessed pardon
Whiche is the greatest / vnder the son
Graunted by the pope / in his bulles vnder lede
Whiche pardon ye shall fynde / whan ye are dede
That offereth / outher grotes or els pens
To these holy relyques / whiche or I go hens   100
I shall here shewe / in open audyence
Exortynge ye all / to do to them reuerence
℃ But fyrst ye shall knowe well / ꝑ I com fro Rome
Lo here my bulles / all and some
Our lyege lorde seale / here on my patent
I bere with me / my body to warant
That no man be so bolde / be he preest or clarke
Me to dysturbe / of Chrystes holy warke
Nor haue no dysdayne / nor yet scorne
Of these holy relyques / whiche sayntes haue worne   110
℃ Fyrst here I shewe ye / of a holy Jewes shepe
A bone / I pray you take good kepe
To my wordes / and marke them well
Yf any of your bestes belyes do swell
Dyppe this bone in the water / that he dothe take
Into his body / and the swellynge shall slake
And yf any worme / haue your beestes stonge
Take of this water / and wasshe his tonge
And it wyll be hole anon / and furthermore
Of pockes and scabbes / and euery sore   120

A.ii.

He ſhall be quyte hole /that dꝛynketh of the well
That this bone is dipped in /it is treuth that I tell
And yf any man that any beſte oweth
Ones in the weke /oꝛ that the cocke croweth
Faſtynge wyll dꝛynke /of this well a dꝛaughte
As that holy Jew hath vs taught
His beeſtes and his ſtoꝛe /ſhall multeply
And mayſters all /it helpeth well
Thoughe a man be foule /in ielous rage
Let a man with this water /make his potage   130
And neuermoꝛe ſhall he /his wyfe myſtryſt
Thoughe he in ſothe the faut by her wyſt
Oꝛ had ſhe be take with freres two oꝛ thꝛe
℃ Here is a mytten eke /as ye may ſe
He that his hande wyll put in this myttayn
He ſhall haue /encreaſe of his grayn
That he hathe ſowne /be it wete oꝛ otys
So that he offer pens /oꝛ els grotes
And another holy relyke /eke here ſe ye may
The bleſſed arme /of ſwete ſaynt ſondaye   140
And who ſo euer is bleſſyd /with this ryght hande
Can not ſpede amyſſe /by ſe noꝛ by lande
And yf he offereth /eke with good deuocyon
He ſhall not fayle /to come to hyghe pꝛomocyon
℃ And another holy relyke here may ye ſee
The great too /of the holy trynyte
And who ſo euer ones dothe it in his mouthe take
He ſhall neuer be dyſſeaſyd /with the tothe ake
Canker noꝛ pockys ſhall there none bꝛede
This that I ſhewe ye /is matter in dede   150
℃ And here is of our lady /a relyke full good
Her bongrace /which ſhe ware with her french hode
Whan ſhe wente oute /alwayes foꝛ ſonne boꝛnynge
Women with chylde /which be in mournynge
By vertue therof /ſhalbe ſone eaſyd
And of theyꝛ trauayll /full ſone alſo releaſyd
And yf this bongrace /they do deuoutly kys
And offer therto /as theyꝛ deuocyon is
℃ Here is another relyke /eke a pꝛecyous one
Hf all helowes /the bleſſyd Jaw bone   160
Which relyke /without any fayle
Agaynſt poyſon /chefely dothe pꝛeuayle

For whom so euer it toucheth/without dout
All maner venym/from hym shall issue out
So that it shall hurt/no maner wyghte
Lo of this relyke/the great power and myghte
Which preseruyth from poyson euery man
Lo of saynt Myghell/eke the brayn pan
Which for the hed ake/is a preseruatyfe
To euery man or beste/that beryth lyfe   170
And further it shall stande hym in better stede
For his hede shall neuer ake whan that he is dede
Nor he shall fele/no maner grefe nor payn
Though with a sworde/one cleue it than a twayn
But be as one that lay in a dede slepe
Wherfore to these relykes/now com crouche and crepe
But loke that ye offerynge to them make
Or els can ye no maner profyte take
But one thynge ye women all I warant you
Yf any wyght/be in this place now   180
That hathe done syn/so horryble that she
Dare nat for shame/therof shryuen be
Or any woman/be she yonge or olde
That hathe made her husbande cockolde
Suche folke shall haue/no power nor no grace
To offer to my relykes/in this place
And who so fyndyth/her selfe out of suche blame
Com hyther to me on crystes holy name
℃ And bycause ye
Shall vnto me   190
Gyue credence at the full
Myn auctoryte
Now shall ye se
Lo here the popes bull
℃ Now shall the frere begyn his sermon/and euyn at
the same tyme the pardoner begynneth also to shew and
speke of his bullys/and auctorytes com from Rome.
                    ℃The frere.
          ℃ Date et dabitur vobis
          ℃ Good deuout people/this place of scrypture   200
pardo.   ℃ Worshypfull maysters/ye shall vnderstand
frere.   Is to you/that haue no litterature
pardo.   ℃ That pope Leo the.x.hath graunted with his hand
frere.   Is to say/in our englysshe tonge

par.	❡ And by his bulles / confyrmed vnder lede
frere.	As departe your goodes / the poore folke amonge
pardo.	❡ To all maner people / bothe quycke and dede
frere.	And god shall than / gyue vnto you agayne
pardo.	❡ Ten thousande yeres / & as many lentes of pardon
frere.	This in the gospell / so is wryten playne · 210
pardo.	❡ Whan they are dede / theyr soules for to guardon
frere.	Therfore gyue your almes / in the largest wyse
pardo.	❡ That wyll with theyr peny / or almes dede
frere.	Kepe not your goodes / fye fye on couetyse
pardo.	❡ Put to theyr handes / to the good spede
frere.	That synne with god is most abhomynable
pardo.	❡ Of the holy chapell / of swete saynt Leonarde
frere.	And is eke the synne / that is most dampnable
pardo.	❡ Whiche late by fyre / was destroyed and marde
frere.	In scrypture eke / but I say syrs how · 220
pardo.	❡ Ay by the mas / one can not here
frere.	What a bablynge maketh yonder felow
pardo.	❡ For the bablynge / of yonder folysshe frere
frere.	In scrypture eke / is there many a place
pardo.	❡ And also maysters / as I was aboute to tell
frere.	Whiche sheweth that many a mā so farforth lacketh
pardo.	❡ Pope July y̆.vi.hath graūted fayre & well (grace
frere.	That whan to them / god hathe abundaunce sent
pardo.	❡ And doth .xii.thousande yeres of pardon to thē sende
frere.	They wolde dystrybute none to the indygent · 230
pardo.	❡ That ought / to this holy chapell lende
frere.	Wherat god hauynge / great indygnacyon
pardo.	❡ Pope Bonyface / the.ix.also
frere.	Punysshed these men / after a dyuers facyon
pardo.	❡ Pope July / pope Innocent / with dyuers popes mo
frere.	As the gospell / full nobly dothe declare
pardo.	❡ Hathe graunted / to the susteynynge of the same
frere.	How diues Epulus / reygnynge in welfare
pardo.	❡ v.thousand yeres of pardō / to euery of you by name
frere.	And on his borde / dysshes delycate · 240
pardo.	❡ And clene remyssyon / also of theyr syn
frere.	Pore Lazarus / cam beggynge at his gate
pardo.	❡ As often tymes / as you put in
frere.	Desyrynge som fode / his honger to releue
pardo.	❡ Any monye / into the pardoners cofer
frere.	But the rycheman / nothynge wolde hym gyue

pardo.	☧ Or any money vp vnto it offer
frere.	Not so moche as a fewe crommys of breade
pardo.	☧ Or he that offeryth / peny or grote
frere.	Wherfore pore lazarus / of famyn strayth was dede 250
pardo.	☧ Or he that gyueth / the pardoner a newe cote
frere.	And angels hys soule / to heuen dyd cary
par.	☧ Or take of me / outher ymage or letter
frere.	But now the ryche man / of the contrary
pardo.	☧ Wherby thys pore chapell may / fayre the better
frere.	Whan he was dede / went to mysery and payne
pardo.	☧ And god wote / it ys a full gracyous dede
frere.	Where for euermore / he shall remayne
pardo.	☧ For whych god / shall quyte you well your mede
frere.	In brennyng fyre / whych shall neuer ceasse 260
pardo.	☧ Now helpe our pore chapell / yf it be your wyll
frere.	But I say thou pardoner / I byd the holde thy peace
pardo.	☧ And I say thou frere / holde thy tonge styll
frere.	What standest thou there / all the day smatterynge
pardo.	☧ Mary what standyst thou there / all day clatterynge
frere.	☧ Mary felow I com hyder / to prech the word of god
	Whych of no man / may be forbode
	But harde wyth scylence / and good entent
	For why / it techeth them euydent
	The very way / and path that shall them lede 270
	Euen to heuen gatys / as strayght as any threde
	And he that lettyth the worde / of god of audyence
	Standeth accurst / in the greate sentence
	And so arte thou / for enterruptynge me
	☧ Nay thou art a curst / knaue / and that shalt thou se
	And all suche that to me / make interrupcyon
	The pope sendes them / excommunycacyon
	By hys bullys / here redy to be redde
	By bysshoppes / and hys cardynalles confyrmed
	And eke yf thou / dysturbe me any thynge 280
	Thou arte also / a traytour to the kynge
	For here hath he graunted me / vnder hys brode seale
	That no man / yf he loue hys hele
	Sholde me dysturbe / or let in any wyse
	And yf thou dost / the kynges commaundement dispise
	I shall make the be set / fast by the fete
	And where thou saydyst / that thou arte more mete
	Amonge the people / here for to preche

Bycause thou doſt them / the very way teche
How to com / to heuen aboue   290
Therin thou lyeſt / and that ſhall I proue
And by good reaſon / I ſhall make the bow
And knowe that I / am meter than arte thou
℄ For thou / whan thou haſt taught them ones the way
Thou careſt not / whether they com there ye or nay
But whan that thou / haſt done all togyder
And taught them the way / for to com thyther
Yet all that thou canſt ymagyn
Is but to vſe vertue / and to abſtayne fro ſyn
And yf they fall ones / than thou canſt no more   300
Thou canſt not gyue them / a ſalue for theyr ſore
But theſe my letters / be clene purgacyon
All thoughe neuer ſo many ſynnes / they haue don
But whan thou haſt taught them the way and all
Yet or they com there / they may haue many a fall
In the way / or that they com thyther
For why the way / to heuen is very ſlydder
But I wyll teche them after another rate
For I ſhall brynge them to heuen gate
And be theyr gydes / and conducte all thynges   310
And lede them thyther / by the purſe ſtrynges
So that they ſhall not fall / though that they wolde

frere.   ℄ Holde thy peace knaue / thon arte very bolde
        Thou prateſt in fayth / euen lyke a pardoner
pardo. ℄ Why de ſpyſeſt thou / the popes mynyſter
        Mayſters / here I curſe hym openly
        And therwith warne / all this hole company
        By the popes / great auctoryte
        That ye leue hym / and herken vnto me
        For tyll he be aſſoyled / his wordes take none effecte   320
        For out of holy chyrche / he is now clene reiecte
frere.   ℄ My mayſters / he dothe but geſt and raue
        It forſeth not / for the wordes of a knaue
        But to the worde of god do reuerence
        And here me forthe / with dewe audyence
frere.   ℄ Mayſters I ſhewed you / ere whyle of almes dede
pardo. ℄ Mayſters this pardon / whiche I ſhewed you before
frere.   And how ye ſhulde gyue poore folke at theyr nede
pardo. Is the greateſt that euer was / ſyth god was bore
frere.   And yf of your partes / that tkynge ones were don   330

frere.	For why without confeſſyon oꝛ contrycyon
pardo.	Dout not but god ſholde gyue you retrybucyon
frere.	ℂ By this ſhall ye haue /clene remyſſyon
pardo.	But now further /it ought to be declared
frere.	ℂ And foꝛgyuen of the ſynnes ſeuen
	Who be thes poꝛe folke that ſhold haue your reward
pardo.	ℂ Come to this pardon /yf ye wyll come to heuen
frere.	Who be thoſe poꝛe folk /of whome J ſpeke ⁊ name
pardo.	ℂ Come to this pardon yf ye wyll be in blys
frere.	Certes we poꝛe freres /are the ſame 340
pardo.	ℂ This is the pardon /which ye can not myſſe
frere.	We freres dayly take payn J ſay
pardo.	ℂ This is the pardon which ſhall mens ſoules wyn
frere.	We frears dayly /do bothe faſt and pꝛay
pardo.	ℂ This is the pardon /the rydder of your ſynne
frere.	We freres trauayle /and labour euery houre
pardo.	ℂ This is the pardon /that purchaſeth all grace
frere.	We freres take payne /foꝛ the loue of our ſauyour
pardo.	This is a pardon foꝛ all maner of treſpas
frere.	We freres alſo go on lymytacyon 350
pardo.	ℂ This is ẏ pardõ /of which all mercy dothe ſpꝛynge
frere.	Foꝛ to pꝛeche /to euery cryſten nacyon
pardo.	ℂ This is the pardon that to heuen ſhall ye bꝛynge
frere.	But J ſay thou pardoner /thou wylt kepe ſylens(
pardo.	ℂ Ye it is lyke to be whan J haue done ſone)
frere.	Mary therfoꝛe the moꝛe knaue art thou J ſay
	That parturbeſt /the woꝛde of god J ſay
	Foꝛ neyther thy ſelfe /wylt here goddys doctryne
	Ne ſuffre other /theyꝛ earys to enclyne
	Wherfoꝛe our ſauyour in his holy ſcrypture 360
	Gyueth the thy iugement /thou curſyd creature
	Spekynge to the /after this maner
	Maledictus qui audit verbum dei negligenter
	Wo be that man ſayth our loꝛd /that gyueth no audiens
	Oꝛ heryth the woꝛde /of god with negligens
pardo.	ℂ Now thou haſte ſpoken all ſyꝛ daw
	J care nat foꝛ the /an olde ſtraw
	J had leuer thou were hanged /vp with a rope
	Than J that am comen from the pope
	And therby goddes miniſter /whyle thou ſtãdeſt ⁊ pꝛate 370
	Sholde be fayn to knocke without the gate
	Therfoꝛe pꝛeche hardely /thy bely full

But J neuer theles / wyll declare the popes bull

frere. ❡ Now my frendes / J haue afoꝛe ſhewed ye
pardo. ❡ Now my mayſters / as J haue afoꝛe declared
frere. That good it is to gyue your charyte
pardo. ❡ That pardoners from you may not be ſpared
frere. And further J haue / at lenghte to you tolde
pardo. ❡ Now here after / ſhall folow and enſew
frere. Who be theſe people / that ye receyue ſholde   380
pardo. ❡ That foloweth of pardons / the great vertew
frere. That is to ſay / vs freres poꝛe
pardo. ❡ We pardoners foꝛ your ſoules be as neceſſary
frere. That foꝛ our lyuynge muſt begge fro doꝛe to doꝛe
pardo. As is the meate / foꝛ our bodys hungry
frere. Foꝛ of our own pꝛopꝛe / we haue no pꝛopꝛe thynge
pardo. Foꝛ pardons is the thynge that bꝛyngeth men to heuen
frere. But that we get / of deuout peoples gettynge
pardo. ❡ Pardons delyuereth them fro the ſynnes ſeuen
frere. And in our place / be fryers thꝛe ſcoꝛe and thꝛe   390
pardo. ❡ Pardons foꝛ euery cryme / may dyſpens
frere. Which onely lyue / on mens charyte
pardo. Pardon purchaſyth grace foꝛ all offence
frere. Foꝛ we fryars / wylfull charyte pꝛofeſſe
pardo. ❡ Ye though ye had ſlayne / bothe father and mother
frere. We may haue no money / nother moꝛe noꝛ leſſe
pardo. ❡ And this pardon / is cheſe aboue all other
frere. Foꝛ woꝛdly treaſure we may nought care
pardo. ❡ Foꝛ who to it offeryth / grote oꝛ peny
frere. Our ſoules muſt be ryche / and our bodyes bare   400
pardo. ❡ Though ſynnes / he had done neuer ſo many
frere. And one thynge J had almoſte left behynde
pardo. ❡ And though that he had all his kyndꝛed ſlayn
frere. Which befoꝛe / cam not to my mynde
pardo. ❡ This pardon ſhall ryd thē fro euer laſtynge payne
frere. And doutles it is none other thynge
pardo. ❡ There is no ſyn / ſo abhomynable
frere. But whan ye wyll gyue / your almes ⁊ offerynge
pardo. ❡ Which to remyt / this pardon is not able
frere. Loke that ye / dyſtrybute it wyſely   410
pardo. ❡ As well declareth / the ſentence of this letter
frere. Not to euery man / that foꝛ it wyll crye
pardo. ❡ Ye can not therefoꝛe / beſtow your money better
frere. Foꝛ yf ye gyue / your almes in that wyſe

pardo.   ℃ Let vs not here/stande ydle all the daye
frere.   It shall not bothe to them and vs suffyse
pardo.   ℃ Gyue vs some money/oʒ that we go our way
frere.   But I say/thou lewde felowe thou
        Haddest none other tyme to shewe thy bulles but now
        Canst not tary and abyde tyll sone   420
        And rede them than whan pʒechynge is done
pardo.   ℃ I wyll rede them now/what sayest thou therto
        Hast thou any thynge therwith to do
        Thynkest that I wyll stande/& tary foʒ thy leasure
        Am I bounde to do so moche foʒ thy pleasure
frere.   Foʒ my pleasure⹁ nay I wolde thou knewyst it well
        It becometh the knaue/neuer a dell
        To pʒate thus boldely in my pʒesence
        And let the woʒde/of god of audience
pardo.   ℃ Let the woʒd of god qd a⹁nay let a hoʒs̄o dʒeuyll   430
        Pʒate here all day/with a foule euyll
        And all thy sermon/goth on couetyce
        And byddest men beware of auaryce
        And yet in thy sermon/dost thou none other thynge
        But foʒ almes stande all the day beggynge
frere.   Leue thy realynge I wolde the aduyse
pardo.   ℃ Nay leue thou thy bablynge/yf thou be wyse
frere.   I wolde thou knewest it knaue/I wyll not leue a(
pardo.   ℃ No moʒe wyll I/I do the well to wyt   whyt)
frere.   It is not thou/shall make me holde my peas   440
pardo.   Thā speke on hardly yf thou thynkyst it foʒ thy eas
frere.   Foʒ I wyll speke/whyther thou wylt oʒ no
pardo.   ℃ In faythe I care nat/foʒ I wyll speke also
frere.   Wherfoʒe hardely/let vs bothe go to
pardo.   Se whiche shall be better harde of vs two
frere.   What sholde ye gyue ought to pʒatyng pardoners
pardo.   ℃ What sholde ye spende on these flaterynge lyers
frere.   What sholde ye gyue ought to these bolde beggars
pardo.   ℃ As be these bablynge monkes/and these freres
frere.   Let them hardely labour foʒ theyʒ lyuynge   450
pardo.   ℃ Which do nought dayly/but bable and lye
frere.   It moche hurtyth them/good mennys gyuynge
pardo.   ℃ And tell you fables dere inoughe a flye
frere.   Foʒ that maketh them ydle/and slouthfull to warke
pardo.   ℃ As dothe this bablynge frere/here to day
frere.   That foʒ none other thynge they wyll carke
                                B.ii.

pardo.	ℭ Dɾyue hym hence therfoɾe in the.xx.deuyll waye	
frere.	Hardely they wolde go bothe to plow ⹋ carte	
pardo.	ℭ On ꝟs pardoners hardely do your coſt	
frere.	And if of neceſſitie ones they felte the ſmarte	460
pardo.	ℭ Foɾ why/your money neuer can be loſt	
frere.	But we freres be nat in lyke eſtate	
pardo.	ℭ Foɾ why/there is in our fraternitie	
frere.	Foɾ our handes with ſuch thinges we may nat macu(	
pardo.	ℭ Foɾ all bɾetheren ⹋ ſiſteren that thereof be late)	
frere.	We freres be nat in lyke condicion	
pardo.	ℭ Deuoutly ſonge euery yere	
frere.	we may haue no pɾebendes ne exhibition	
pardo.	ℭ As he ſhall know well that cometh there	
frere.	Of all tempoɾall ſeruice are we foɾbode	470
pardo.	ℭ At euery of the fyue ſolempne feſtes	
frere.	And onely bounde to the ſeruice of god	
pardo.	ℭ A maſſe ⹋ dirige to pɾay foɾ the good reſt	
frere.	And therwith to pɾay foɾ euery chɾiſten nation	
pardo.	ℭ Of the ſoules of the bɾetheren ⹋ ſiſteren all	
frere.	That god witſafe to ſaue them fro dampnation	
pardo.	ℭ Of our fraternitie in generall	
frere.	But ſome of you ſo harde be of harte	
pardo.	ℭ with a herſe there ſtandynge/well arayed ⹋ dyght	
frere.	Ye can nat wepe though ye full ſoɾe ſmarte	480
pardo.	And toɾches ⹋ tapers aboute it bɾennynge bɾight	
frere.	wherfoɾe ſome man muſt ye hyɾe nedes	
pardo.	ℭ And with the belles eke ſolempnely ryngynge	
frere.	whiche muſt intrete god foɾ your miſdedes	
pardo.	ℭ And pɾeſtes ⹋ clerkes deuoutly ſyngynge	
frere.	Ye can hyɾe no better in myne oppinion	
pardo.	ℭ And furthermoɾe/euery nyght in the yere	
frere.	Than ꝟs goddes ſeruantes/men of religion	
pardo.	ℭ Twelue poɾe people are receiued there	
frere.	And ſpecially god hereth ꝟs poɾe freres	490
pardo.	ℭ And there haue bothe harboɾow and food	
frere.	And is attentife ꝟnto our deſyɾes.	
pardo.	ℭ That foɾ them is conuenient and good	
frere.	Foɾ the moɾe of religion/the moɾe herde of our loɾde	
pardo.	ℭ And furthermoɾe/if there be any other	
frere.	And that is/ſo ſhulde/good reaſon doeth accoɾde	
pardo.	ℭ That of our fraternitie be ſiſter oɾ bɾother	
frere.	Therfoɾe doute nat maiſters/J am euen he	

pardo.	❡ Whiche hereafter happe to fall in decay
frere.	To whom ye shulde parte with your charitie 500
pardo.	❡ And yf he than chaunce to come that way
frere.	we freres be they that shulde your almes take
pardo.	❡ Nygh vnto our forsayd holy place
frere.	whiche for your soules helth do both watche & wake
pardo.	❡ Ye shall there tary for a monethes space
frere.	we freres pray/god wote whan ye do slepe
pardo.	❡ And be there founde of the places cost
frere.	we for your synnes do bothe sobbe aud wepe
pardo.	❡ wherfore now in the name of the holy goost
frere.	To pray to god for mercy and for grace 510
pardo.	❡ I aduise you all that now here be
frere.	And thus do we dayly with all our hole place
pardo.	❡ For to be of our fraternitie
frere.	wherfore distribute of your temporall welthe
pardo.	❡ Fye on couetise/sticke nat for a peny
frere.	By whiche ye may preserue your soules helthe
pardo.	❡ For whiche ye may haue benefites so many
frere.	I say wylt thou nat yet stynt thy clappe
	Pull me downe the pardoner with an euyll happe
pardo.	❡ Maister frere/I holde it best 520
	To kepe your tonge while ye be in rest
frere.	I say one pull the kuaue of his stole
pardo.	❡ Nay one pull the frere downe lyke a fole
frere.	Leue thy railynge and babbelynge of freres
	Or by Jys Ich lug the by the swete eares
pardo.	❡ By god I wolde thou durst presume to it
frere:	By god a lytell thynge might make me to do it
pardo.	❡ And I shrew thy herte and thou spare
frere.	By god I wyll nat mysse the moche thou slouche
	And yf thou playe me suche another touche 530
	Ich knocke the on the costarde/ I wolde thou it knewe
pardo.	❡ Mary that wolde I se quod blynde hew
frere.	Well I wyll begyn/and than let me se
	whether thou darest agayne interrupte me
	And what thou wolde ones to it say
pardo.	❡ Begyn & proue whether I wyll ye or nay
frere.	And to go forthe where as I lefte right now
pardo.	❡ Because som percase wyll thynke amysse of me
frere·	Our lorde in the gospell sheweth the way how

pardo.	❡ Ye ſhall now here/the popys auctoꝛyte 540
frere.	❡ By gogges ſoule knaue/I ſuffre the no lenger
pardo.	I ſay ſome good body/lende me his hengar
	And I ſhall hym teche by god almyght
	How he ſhall a nother tyme lerne foꝛ to fyght
	I ſhall make that balde crown of his to loke rede
	I ſhall leue hym but one ere/on his hede
frere.	But I ſhall leue the neuer an ere oꝛ I go
pardo.	❡ Ye hoꝛeſon frere/wylt thou ſo
	❡ Than the fyght.
frere.	❡ Loſe thy handes/away from myn earys 550
pardo.	Than take thou thy handes away from my heres
	Nay abyde thou hoꝛeſon I am not downe yet
	I truſt fyꝛſt to lye the at my fete
frere.	Ye hoꝛeſon/wylt thou ſcrat and byte
pardo.	Ye mary wyll I/as longe as thou doſte ſmyte
	❡ The curate.
parſō.	❡ Holde your handes/a vengeaunce on ye bothe two
	That euer ye came hyther/to make this a do
	To polute my chyꝛche/a myſchyefe on you lyght
	I ſwere to you by god all myght 560
	Ye ſhall bothe repente/euery vayne of your harte
	As ſoꝛe as ye dyd/euer thynge oꝛ ye departe
frere.	❡ Mayſter parſon/I maruayll ye wyll gyue lycence
	To this falſe knaue/in this audience
	To publyſh his ragman rolles with lyes
	I deſyꝛed hym ywys/moꝛe than ones oꝛ twyſe
	To holde his peas/tyll that I had done
	But he wolde here no moꝛe than the man in the mone
pardo.	❡ Why ſholde I ſuffre the/moꝛe than thou me
	Mayſter parſon gaue me lycence befoꝛe the 570
	And I wolde thou knewyſt it/I haue relykes here
	Other maner ſtuffe/than thou doſt bere
	I wyll edefy moꝛe/with the ſyght of it
	Than wyll all the pꝛatynge of holy wꝛyt
	Foꝛ that except that the pꝛecher/hym ſelfe lyue well
	His pꝛedycacyon wyll helpe neuer a dell
	And I know well/that thy lyuynge is nought
	Thou art an apoſtata/yf it were well ſought
	An homycyde thou art I know well inoughe
	Foꝛ my ſelfe knew where thou ſloughe 580
	A wenche with thy dagger in a couche

And yet as thou ſaiſt in thy ſermō ẏ no mā ſhall touch

parſō.   No moɽe of this wɽanglyng in my chyɽch
I ſhɽewe your hartys bothe / foɽ this lurche
Is there any blood ſhed here betwen theſe knaues
Thanked be god / they had no ſtauys
Noɽ egoteles / foɽ than it had ben wɽonge
Well ye ſhall ſyuge another ſonge
Neybour pɽat / com hether I you pɽay

pɽat. ❡ Why / what is this nyſe fraye   590
parſō. ❡ I can not tell you / one knaue dyſdaynes another
Wherfoɽe take ye the tone / and I ſhall take the other
We ſhall beſtow them / there as is moſt conuenyent
Foɽ ſuche a couple / I trow they ſhall repente
That euer they met in this chyɽche here
Neyboure ye be conſtable / ſtande ye nere
Take ye that laye knaue / and let me alone
With this gentylman / by god and by ſaynt Johñ
I ſhall boɽowe vpon pɽeſtholde ſomwhat
Foɽ I may ſay to the neybour pɽat   600
It is a good dede to punyſh ſuch to the enſample
Of ſuche other / how that they ſhall mell
In lyke faſyon as theſe catyſes do

pɽat. ❡ In good fayth mayſter parſon / yf ye do ſo
Ye do but well / to teche them to beware

pardo. ❡ Mayſter pɽat I pɽay ye me to ſpare
Foɽ I am ſoɽy / foɽ that that is done
Wherfoɽe I pɽay ye foɽgyue me ſone
Foɽ that I haue offendyd within your lybertye
And by my trouthe ſyɽ / ye may truſt me   610
I wyll neuer come hether moɽe
whyle I lyue and god befoɽe

pɽat. ❡ Nay I am ones charged with the
Wherfoɽe by ſaynt Johñ thou ſhalt not eſcape me
Tyll thou haſt ſcouryd a pare of ſtokys

parſō. ❡ Tut he weneth all is but mockes
Lay hande on hym / and com ye on ſyɽ frere
Ye ſhall of me hardely haue your hyɽe
Ye had none ſuche this .vii. yere
I ſwere by god / and by our lady dere   620

pardo. ❡ Nay mayſter parſon / foɽ goddys paſſyon
Intreate not me after that faſyon
Foɽ yf ye do it wyll not be foɽ your honeſty

parſõ. Honeſty oꝛ not / but thou ſhall ſe
       What I ſhall do by and by
       Make no ſtroglynge / com foꝛthe ſoberly
       Foꝛ it ſhall not auayle the I ſay
frere. ❡ Mary that ſhall we trye / euen ſtrayt way
       I defy the churle pꝛeeſte / Ꝫ there be no mo than thou
       I wyll not go with the / I make god a bow   630
       We ſhall ſe fyꝛſt which is the ſtronger
       God hath ſent me bonys I do the not fere
parſõ. ❡ Ye by thy fayth / wylt thou be there
       Neybour pꝛat bꝛynge foꝛthe that knaue
       And thou ſyꝛ frere yf thou wylt algatys raue
frere. ❡ Nay choꝛle I the defy
       I ſhall trouble the fyꝛſt
       Thou ſhalt go to pꝛyſon by and by
       Let me ſe now do thy woꝛſte

       Pꝛat with the pardoner / Ꝫ the parſon with the frere 640

parſõ. ❡ Helpe helpe neybour pꝛat neybour pꝛat
       In the woꝛſhyp of god / helpe me ſomwhat
pꝛat. ❡ Nay deale as thou canſt with that elfe
       Foꝛ why I haue inoughe to do my ſelfe
       Alas foꝛ payn I am almoſte dede
       The reede blood ſo ronneth downe about my hede
       Nay and thou canſt I pꝛay the helpe me
parſõ.   Nay by the mas felowe it wyll not be
       I haue moꝛe tow on my dyſtaffe / thã I can well ſpyn
       The curſed frere dothe the vpper hande wyn   650
frere.   Wyll ye leue than / and let vs in peace departe
pſ.Ꝫpꝛ ❡ Ye by our lady / euen with all our harte
fre pd. ❡ Than adew to the deuyll tyll we come agayn
pſõ.pꝛ ❡ And a myſchefe go with you bothe twayne.

      Impꝛynted by Wyllyam Raſtell the.v.day
      of Apꝛyll / the yere of our loꝛde.M.
         CCCCC.XXXIII.

         ❡ Cum pꝛiuilegio.

THE FOUR Ps

? 1544

THE MALONE SOCIETY
REPRINTS
1984

This reprint of William Middleton's edition of *The Four Ps* (*c.*1544) has been prepared by L. M. Clopper and checked by the General Editor.

September 1984   G. R. PROUDFOOT

There are three extant sixteenth-century editions of John Heywood's 'The playe called the foure PP.'. William Middleton, who was active from 1538 until his death in 1547 [*Stationers' Register*, II, 9], printed, about 1544, the first of these editions in Textura 95, an old type belonging to Redman. The second was printed by William Copland, active from 1547 to 1568. The *Short-Title Catalogue* suggests a date of 1555 for this publication; the *Stationers' Register* [I, 79] first enters a book in Copland's name in 1557–8. The third edition was issued on 14 September 1569 by John Allde and on 15 January 1582 the book, along with three of Heywood's other plays, was transferred to John Charlewood [*Stationers' Register*, II, 405]. Five copies of these three editions survive: the British Museum owns the unique copy of the first; the Bodleian and the Yale Elizabethan Club have copies of the second; and the British Museum and the Pepys Library, Magdalene College, Cambridge, own copies of the third.

Neither the date of composition, the chronological position of *The Four Ps* in the canon, nor the date of publication of the Middleton edition has been precisely established. Four of Heywood's plays were published in 1533 and 1534 by his brother-in-law, William Rastell; since these editions are now represented by only one or two copies, it is possible that Rastell printed an edition of *The Four Ps* which has been lost. It seems certain that Heywood's playwriting career was over by the early 1530s and that the issue of *The Four Ps* about 1544 does not indicate a resumption of theatrical work; indeed, Middleton may also have reissued Heywood's *Play of the Weather* at the same time [W. W. Greg, *A Bibliography of the English Printed Drama* (London, 1939), I, 90]. A. W. Reed [*The Canon of John Heywood's Plays* (London, 1918), pp. 13–14] associates the appearance of the Middleton edition with Heywood's indictment for treason in 1544, a rationale that Greg seems willing to accept. There is no reason to doubt the attribution of the play to Heywood. In addition to the Middleton title-page, the lists in Bale [Bodleian MS. Seld. Supra 64, f. 116], Pitseus [*Relationum Historicarum de Rebus Anglicis* (Paris, 1619), p. 753], and Kirkman [Appendix to *Nicomede* (1671)] ascribe the play to him. Furthermore, the debate form of the play and the elaborate scatological and sexual stories are commonly found in Heywood's other plays.

The Four Ps was first reissued in Dodsley's 1744 edition of the Select Collection of Old Plays; however, Dodsley and the editors of the 1780 and 1825 editions used the Allde edition of 1569 for their copy text. William Carew Hazlitt claims in the 1874 edition to have used the Middleton version; his claim, nevertheless, is no more reliable than usual and Manly, as a consequence, ignored the Hazlitt text when he collated earlier editions with the Middleton text for his Specimens of the Pre-Shakespearean Drama (Boston, 1897). John S. Farmer used the Middleton text both for the Dramatic Writings of John Heywood (London, 1905) and the collotype facsimile reprint in 1908. A further edition is found in Sir Rupert De la Bere's John Heywood: Entertainer (London, 1937).

Irregular Readings and Significant Variants

There is a simple derivative reprinting of Middleton by Copland and Copland by Allde; however, Copland corrects only some of the errors in Middleton, and Allde corrects and freely alters Copland in order to provide smoother readings and to modernize the text. None of the printers systematically remedies all the obvious errors; for example, Middleton and Copland omit lines at 1118 and 1201; Allde completes the verse at 1201, but not at 1118, even though he corrects the misreading of the rhyme word. The list below includes all the corrupt or doubtful readings in Middleton and the variants of outstanding interest in Copland and Allde. Copland's and Allde's corrected forms of Middleton's obvious errors are not noted; unless otherwise indicated, the cited variants to Middleton appear in both Copland and Allde.

1   𝔓almer] 𝔓almer ſpeaketh A
5   no] not (? for now)
7   you] now
9   mynde
47 graet
57 obtaye
62 thy
79 play
98 𝔑o nother

118 neuer.
123 nat
128 ſcofte
129 kepe] ſpeke
140 ſonyng] reaſoning A
184 hoſtlye] honeſtli (? for holilye)
191 chaunge] chaunce
204 teyd
209 All editions have one for our.
229 palmer] a Palmer A
234 watched (? for matched)
235 Were] Where
243 pedled
244 euery tryfull] all kinde of trifles A
251 were] where (? = whether)
253 here] there
267 Sypers
276 wyfe ys] wiues
278 Great] Jette C; Yet A
280-1 Lines transposed.
290 barcelettes
306 marre (? for they marre)
307 nyche] nigh (? for myche)
310 fall (? for full)
323 your ney (loose line)
347 ſwymmyng] ſwinking A
357 bꝛeſt (? bꝛeth)
359 bꝛeſte (? bꝛethe)
366 wyt] wyl
369 wyll] wit
384 nat and
404 his kepe euen] to keep euen in A
410 wake] walke
413 Reuelynge] Reuilyng
427 nay] nay as
431 Ye but yet] ye a but C; Yea but A
437 he] ye A
458 debite] deputie A
459 dyſcharde
470 How] who

v

486   ²on] of C
491   thynge decayed] things decay A (? for decayes or decayeth)
503   in dyfferently
545   without] without it
560   myghe
578   stynktth
597   Potycary] Pardoner
608   slepers
631   deuacion
648   yet] yett
666   kysse the, more] kysse, ye more I C; kysse thee, the more A
676   the] thy A
679   his (? for this)
690   deam (for dram)
694   pourget . . . cleue] purgeth . . . cleane
780   I nough (loose line)
719   st ryse (loose line)
727   these
758   Palmer] pedler
759   ye] he
769   gane
776   our] your
777   affyrmaciou
793   out] om. A
       truesayd
798   thre in one] thre may one C; may soon A
801   pretens (? for presens)
828   want on (loose line)
       fallen] falling A
866   castels] castele (Manly, 'castels stones')
930   channced
938   outhorite
940   fyrst (? for fyrst to)
943   thys] thus
960   Nothynge
973   streygyt
975   maned
985   playue
987   euer] eure C; cure A
994   clowes] clawes A

1003 merely (? for metely)
1004 frendes] fendes
1017 Flattynge] Flashing A
1018 vaynglorionsely (? v perhaps b)
1041 I] Ye
      requyre (? for requyte)
1044 Nowe quoth] Ho, ho quod
1074 hoth
1108 ttueth
1109 muruell
1118 maryed] taried A. Perhaps 1118 should end taryed and be followed
      by another (missing) line with the rhyme word maryed.
1124 greatlye
1152 fyll] fild
1165 tryme
1176 yt] om.
      gentylman] gentyll
1181 one] our A
1190 father] farther
After 1201   Thee of the cheefest and thee of the lewdest A. (? cheefest
      for chastest)
1210 knowe
1224 Foot of leaf cropped, removing signature E.ii.
1240 thenon
1270 lyns (for syns)
1292 shewell] shewe
1300 pouetie
1303 To synge and playe for soule departed] To synge and say the
      saruyes apoynted (A has seruice)
1315 one] one must A
1323 god] god t
1342 ond
1356 make] take
1363 fast

ℭ The playe called the foure PP.

℆ A newe and a very mery enterlude of
A palmer.
A pardoner.
A potycary.
A pedler.

~ ❧ Made by John Heewood ❧ ~

TITLE-PAGE (A1) OF MIDDLETON'S QUARTO (BRITISH LIBRARY)

W Palmer:

Nowe god be here who kepeth this place
Now by my fayth I crye you mercy
Of reason I must sew for grace
My rewdnes sheweth me no so homely
Wherof your pardon art and wonne
I sew you as curtesy doth me bynde
To tell thys whiche shalbe begonne
In order as may come beste in mynde
I am a palmer as ye se

START OF TEXT (A1ᵛ) OF MIDDLETON'S QUARTO (BRITISH LIBRARY)

In the fayth of thys churche vniuersall
finis.

¶ Imprynted at London in Fletestrete at the
sygne of the George by Wyllyam
Myddylton .·.

COLOPHON (E1ᵛ) OF MIDDLETON'S QUARTO (BRITISH LIBRARY)

We clerely reuoke and forſake it
To paſſe the tyme in this without offence ·
Wis the cauſe why the maker dyd make it
and ſo we humbly beſeche you to take it
Beſechynge our Lorde to proſper you all
In the fayth of his churche vniuerſall.

❧ ſinis.

❧ Imprinted at London by Wyllyam
Copland.

COLOPHON (E4ᵛ) OF COPLAND'S QUARTO (BODLEIAN)

We cleerly reuoke and forſake it;
To paſſe the time in this without offence,
Was the cauſe why the maker did make it;
And ſo we humbly beſeeche you to take it.
Beſeeching our Lord to proſper you all,
In the faith of his Churche vniuerſall.

FINIS ꝗ Ihon Heywood.

❧ Imprinted at Lon=
don at the long Shop adioyning vnto S.
Mildreds Churche in the Pul-
trie, by John Allde.

COLOPHON (E4) OF ALLDE'S QUARTO (BRITISH LIBRARY)

The Play called the foure P.

¶ A very mery Enterlude of
I Palmer.
I Pardoner.
I Poticary.
I Pedler.

¶ Imprinted at London at the long Shop adioyning vnto S.
Mildreds Churche in the Pultrie, by Iohn Allde.
Anno Domini. 1569, Septembris. 14.

TITLE-PAGE (A1) OF ALLDE'S QUARTO, 1569 (BRITISH LIBRARY)

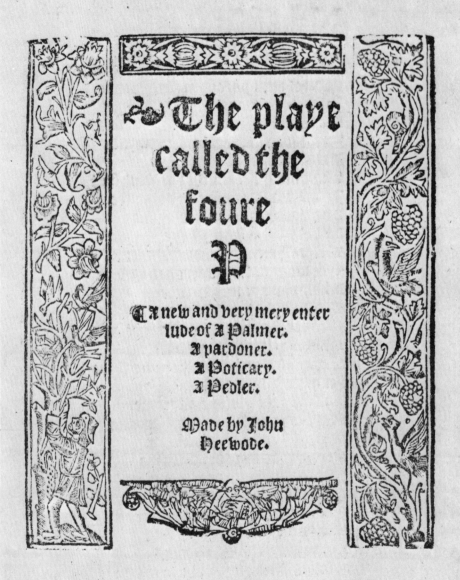

The playe
called the
foure
P

¶ A new and very mery enter
lude of A Palmer.
A pardoner.
A Poticary.
A Pedler.

Made by John
Heewode.

ℭ The playe called the foure PP.

ℭ A newe and a very mery enterlude of
A palmer.
A pardoner.
A potycary.
A pedler.

ℭ Made by John Heewood

Palmer.

Nowe god be here who kepeth this place
Now by my fayth I crye you mercy
Of reason I must sew for grace
My rewdnes sheweth me no so homely
Wherof your pardon art and wonne
I sew you as curtesy doth me bynde
To tell thys whiche shalbe begonne
In order as may come beste in myndy
I am a palmer as ye se   10
Whiche of my lyfe much part hath spent
In many a fayre and farre countre
As pylgrymes do of good intent
At Hierusalem haue I bene
Be fore Chrystes blessed sepulture
The mount of Caluery haue I sene
A holy place ye may be sure
To Josophat and Olyuete
On fote god wote I wente ryght bare
Many a salt tere dyde I swete   20
Before thys carkes coulde come there
Yet haue I bene at Rome also
And gone the stacions all arow
Saynt peters shryne and many mo
Then yf I tolde all ye do know
Except that there be any suche
That hath ben there and diligently
Hath taken hede and marked muche
Then can they speke as muche as I
Then at the Rodes also I was   30
And rounde about to amyas
At saynt Toncomber and saynt Tronion
At saynt Bothulph and saynt Anne of Buckston
On the hylles of Armony where I see Noes arke
With holy Job and saynt George in Suthwarke
At Waltam and at Walsyngam

And at the good rood of dagnam
At saynt Cornelys at saynt James in Gales
And at saynt Wynefrydes well in Walles
At our lady of Boston at saynt Edmundes byry   40
And streyght to saynt Patrykes purgatory
At rydybone and at the blood of Hayles
Where pylgrymes paynes ryght muche auayles
At saynt Dauys and at saynt Denis
At saynt Mathew and saynt Marke in Uenis
At mayster Johan shorne at Canterbury
The graet god of Katewade at kynge Henry
At saynt Sauyours at our lady of Southwell
At Crome at Wylsdome and at Muswell
At saynt Rycharde and at saynt Roke   50
And at our lady that standeth in the oke
To these with other many one
Deuoutly haue I prayed and gone
Prayeng to them to pray for me
Unto the blessed trynyte
By whose prayers and my dayly payne
I truste the soner to obtaye
For my saluacyon grace and mercy
For be ye sure I thynke surely
Who seketh sayntes for Crystes sake   60
And namely suche as payne do take
On fote to punysshe thy frayle body
Shall therby meryte more hyely
Then by any thynge done by man
       ☞Pardoner.
℄ And when ye haue gone as farre as ye can
For all your labour and gostely entente
Yet welcome home as wyse as ye wente
       ☞Palmer.
℄ Why syr dyspyse ye pylgrymage   70
        ☜Pardoner.
℄ Nay for god syr then dyd I rage
        A.ii.

I thynke ye ryght well occupyed
To seke these sayntes on euery syde
Also your payne I nat dysprayse it
But yet I dyscomende your wit
And oꝛ we go euen so shall ye
If ye in this wyl answere me
I pꝛay you shew what the cause is
Ye wente al these pylgrymages   80

☞ Palmer.

℃ Foꝛsoth this lyfe I dyd begyn
To rydde the bondage of my syn
Foꝛ whiche these sayntes rehersed oꝛ this
I haue both sought and sene Iwys
Besechynge them to be recoꝛde
Of all my payne vnto the loꝛde
That gyueth all remyssyon
Upon eche mans contricyon
And by theyꝛ good mediacyon   90
Upon myne humble submyssion
I trust to haue in very dede
Foꝛ my soule helth the better spede.

☞ Pardonar.

℃ Nowe is your owne confessyon lyckely
To make your selfe a fole quyckely
Foꝛ I perceyue ye wolde obtayne
No nother thynge foꝛ all your payne
But onely grace your soule to saue
Nowe marke in this what wyt ye haue   100
To seke so farre and helpe so nye
Euen here at home is remedy.
Foꝛ at your doꝛe my selfe doth dwell
Who coulde haue saued your soule as well
As all your wyde wandꝛynge shall do
Though ye wente thꝛyes to Iericho
Nowe syns ye myght haue spedde at home
What haue ye wone by ronnyng at Rome.

Palmer.

℄ If this be true that ye haue moued   110
Then is my wyt in dede reproued
But let vs here fyrste what ye are

Pardonar.

℄ Truly I am a pardoner.

Palmer.

℄ Truely a pardoner that may be true
But a true pardoner doth nat ensew
Ryght selde is it sene or neuer.
That treuth and pardoners dwell together
For be your pardons neuer so great   120
Yet them to enlarge ye wyll nat let
With suche lyes that oftymes Cryste wot
Ye seme to haue that ye haue nat
Wherfore I went my selfe to the selfe thynge
In euery place and without faynynge
Had as muche pardon there assuredly
As ye can promyse me here doutefully
Howe be it I thynke ye do but scofte
But yf ye hadde all the pardon ye kepe of
And no whyt of pardon graunted   130
In any place where I haue haunted
Yet of my labour I nothynge repent.
God hathe respect how eche tyme is spent
And as in his knowlege all is regarded
So by his goodnes all is rewarded

Pardonar.

℄ By the fyrste parte of this laste tale
It semeth you come late from the ale
For reason on your syde so farre doth fayle
That ye leue sonyng and begyn to rayle   140
Wherin ye forget your owne parte clerely
For ye be as vntrue as I
And in one poynte ye are beyonde me
For ye may lye by aucthoryte
                        A.iii.

And all that hath wandred so farre
That no man can be theyr controller
And where ye esteme your labour so muche
I say yet agayne my pardons be suche
That yf there were a thousande soules on a hepe
I wolde brynge them all to heuen as good chepe 150
As ye haue brought your selfe on pylgrymage
In the leste quarter of your vyage
Whiche is farre a thys syde heuen by god
There your labour and pardon is od
With smale cost and without any payne
These pardons bryngeth them to heuen playne
Geue me but a peny or two pens
And as sone as the soule departeth hens
In halfe an houre or thre quarters at moste
The soule is in heuen with the holy ghost 160

℃ Sende ye any soules to heuen by water

⚜ If we dyd syr what is the mater

℃ By god I haue a drye soule shulde thyther
I praye you let our soules go to heuen togyther
So bysy you twayne be in soules helth
May nat a potycary come in by stelth
Yes that I wyll by saynt Antony 170
And by the leue of thys company
Proue ye false knaues bothe or we goo
In parte of your sayenges as thys lo
Thou by thy trauayle thynkest heuen to gete
And thou by pardons and relyques countest no lete
To sende thyne owne soule to heuen sure
And all other whome thou lyste to procure
If I toke an accyon then were they blanke
For lyke theues the knaues rob away my thanke
All soules in heuen hauynge relefe 180

Shall they thanke your craftes nay thanke myn chefe
No soule ye knowe entreth heuen gate
Tyll from the bodye he be separate
And whome haue ye knowen dye hostlye
Without helpe of the potycary
Nay all that commeth to our handlynge
Except ye happe to come to hangynge
That way perchaunce ye shall nat myster
To go to heuen without a glyster
But be ye sure I wolde be wo   190
If ye shulde chaunge to begyle me so
As good to lye with me a nyght
As hange abrode in the mone lyght
There is no choyse to fle my hande
But as I layd into the bande
Syns of our soules the multitude
I sende to heuen when all is bewed
Who shulde but I then all togyther
Haue thanke of all theyr commynge thyther
                    Pardoner.   200
℃ If ye kylde a thousande in an houre space
When come they to heuen dyenge from state of grace
                ⮞ Potycary.
⮞ If a thousãde pardons about your neckes were teyd
When come they to heuen yf they neuer dyed
                ☞ Palmer.
⚜ Longe lyfe after good workes in dede
Doth hynder mannes receyt of mede
And deth before one dewty done
May make vs thynke we dye to sone   210
Yet better tary a thynge then haue it
Then go to sone and vaynly craue it
                ⮞ Pardoner.
℃ The longer ye dwell in communicacion
The lesse shall you lyke thys ymagynacyon
For ye may perceyue euen at the fyrst chop

Your tale is trapt in such a stop
That at the leste ye seme worse then we
☞ Potycary.

☞ By the masse I holde vs nought all thre
☞ Pedler.

☞ By our lady then haue I gone wronge
And yet to be here I thought longe
☞ Potycary.

☞ Brother ye haue gone wronge no wyt
I prayse your fortune and your wyt
That can dyrecte you so discretely
To plante you in this company
Thou palmer and thou a pardoner
I a potycary.
☞ Pedler.

☞ And I a pedler
☞ Potycary.

☞ Nowe on my fayth full well watched
Were the deuyll were we foure hatched
☞ Pedler.

☞ That maketh no mater syns we be matched
I coulde be mery yf that I catchyd
Some money for parte of the ware in my packe
☞ Potycary.

☞ What the deuyll hast thou there at thy backe
☞ Pedler.

☞ Why dost thou nat knowe that euery pedled
In euery tryfull must be a medler
Specyally in womens tryflynges
Those vse we chefe aboue all thynges
Whiche thynges to se yf ye be disposed
Beholde what ware here is disclosed
Thys gere sheweth it selfe in suche bewte
That eche man thynketh it sayth come bye me
Loke were your selfe can lyke to be chooser
Your selfe shall make pryce though I be looser

220

230

240

250

Is here nothynge for my father Palmer
Haue ye nat a wanton in a corner
For your walkyng to holy places
By cryste I haue herde of as straunge cases
Who lyueth in loue or loue wolde wynne
Euen at this packe he must begynne
Where is ryght many a proper token
Of whiche by name parte shall be spoken   260
Gloues, pynnes, combes, glasses vnspottyd
Pomanders, hookes, and lasses knotted
Broches, rynges, and all maner bedes
Lace rounde and flat for womens hedes
Nedyls, threde thymbell, shers, and all suche knackes
Where louers be no suche thynges lackes
Sypers swathbondes rybandes and sleue laces
Gyrdyls, knyues, purses, and pyncases.
                    ☞ Potycary.
❧ Do women bye theyr pyncases of you.   270
                    ☞ Pedler.
❧ Ye that they do I make god a vow
                    ⚜ Potycary.
❧ So mot I thryue then for my parte
I be shrewe thy knaues nakyd herte
For makynge my wyfe ys pyncase so wyde
The pynnes fall out they can nat abyde
Great pynnes must she haue one or other
Yf she lese one she wyll fynde an other
Wherin I fynde cause to complayne   280
New pynnes to her pleasure and my payne
                    ☞ Pardoner.
❧ Syr ye seme well sene in womens causes
I praye you tell me what causeth this
That women after theyr arysynge
Be so longe in theyr apparelynge
                    ☞ Pedler.
❧ Forsoth women haue many lettes
                    B.i.

And they be ma⟨ſ⟩ked in many nettes
As frontlettes, fyllettes, parlettes, and barcelettes   290
And then theyꝛ bonettes and theyꝛ poynettes
By theſe lettes and nettes the lette is ſuche
That ſpede is ſmall whan haſte is muche.

                      Potycary.

℃ An other cauſe why they come nat foꝛwarde
Whiche maketh them dayly to dꝛawe backwarde
And yet is a thynge they can nat foꝛbere
The trymmynge and pynnynge vp theyꝛ gere
Specyally theyꝛ fydlyng with the tayle pyn
And when they wolde haue it pꝛycke in   300
If it chaunce to double in the clothe
Then be they wode and ſwereth an othe
Tyll it ſtande ryght they wyll nat foꝛſake it
Thus though it may nat yet wolde they make it
But be ye ſure they do but deſarre it
Foꝛ when they wolde make it ofte tymes marre it
But pꝛycke them and pynne them as nyche, as ye wyll
And yet wyll they loke foꝛ pynnynge ſtyll
So that I durſte holde you a ioynt
Ye ſhall neuer haue them at a fall poynt   310

                      ☞ *Pedler.*

Let womens maters paſſe and marke myne
What euer theyꝛ poyntes be, theſe poyntes be fyne
Wherfoꝛe yf ye be wyllynge to bye
Ley downe money, come of quyckely.

                      Palmer.

℃ Nay by my trouth we be lyke fryers
We are but beggers we be no byers

                      ☞ *Pardoner.*

℃ Syꝛ ye maye ſhowe your ware foꝛ your mynde   320
But I thynke ye ſhall no pꝛofyte fynde

                      Pedler.

℃ Well though thys your ney acquyte no coſte
Yet thynke I nat my labour loſte

For by the fayth of my body
I lyke full well thys company
Up shall this packe for it is playne
I came not hyther al for gayne
Who may nat play one day in a weke
May thynke hys thryfte is farre to seke
Deuyse what pastyme ye thynke beste
And make ye sure to fynde me prest
             ☞ Potycary.   330
☞Why be ye so vnyuersall
That you can do what so euer ye shall.
             ☞ Pedler.
❡ Syr yf ye lyste to appose me
What I can do then shall ye se.
             ☞ Potycary.
❡ Than tell me thys be ye perfyt in drynkynge   340
             ☞ Pedler.
❡ Perfyt in drynkynge as may be wysht by thynkyng
             ☞ Potycary.
❡Then after your drynkyng how fall ye to wynkyng
             ☞ Pedler.
❡ Syr after drynkynge whyle the shot is tynkynge
Some hedes be swymmyng but myne wyl be synkynge
And vpon drynkynge myne eyse wyll be pynkynge
For wynkynge to drynkynge is alway lynkynge.
             ☞ Potycary.   350
❡ Then drynke and slepe ye can well do
But yf ye were desyred therto
I pray you tell me can you synge
             ☞ Pedler.
⚜Syr I haue some syght in syngynge.
             ☞ Potycary.
❡ But is your brest any thynge swete.
             ☞ Pedler.
⚜What euer my breste be, my voyce is mete.
             ☞ Potycary.   360
         B.ii.

℘ That anſwere ſheweth you a ryght ſyngynge man
Now what is your wyll good father than.
⚜ Palmer.
☞ What helpeth wyll where is no ſkyll
☞ Pardoner.
⚜ And what helpeth ſkyll where is no wyt.
⚜ Potycary.
☞ For wyll or ſkyll what helpeth it
Where frowarde knaues be lackynge wyll
Leue of thys curyoſytie
And who that lyſte ſynge after me.   370
☞ Here they ſynge.
⚜ Pedler.
℘ Thys lyketh me well ſo mot I the.
☞ Pardoner.
⚜ So helpe me god it lyketh nat me
Where company is met and well agreed
Good paſtyme doth ryght well in dede
But who can ſyt in dalyaunce
Men ſyt in ſuche a varyaunce   380
As we were ſet or ye came in
Whiche ſtryfe thys man dyd fyrſt begynne
Allegynge that ſuche men as bſe
For loue of god nat and refuſe
On fot to goo from place to place
A pylgrymage callynge for grace
Shall in that payne with penitence
Obtayne diſcharge of conſcyence
Comparynge that lyfe for the beſte
Enduccyon to our endles reſte   390
Upon theſe wordes our mater grewe
For yf he coulde auow them true
As good to be a gardener
As for to be a pardoner
But when I harde hym ſo farre wyde
I then aproched and replyed

Sayenge this that this indulgence
Hauyng the forsayd penitence
Dyschargeth man of all offence
With muche more profyt then this pretence   400
I aske but two pens at the moste
I wys this is nat very great coste
And from all payne without dyspayre
My soule for his kepe euen his chayre
And when he dyeth he may be sure
To come to heuen euen at pleasure
And more then heuen he can nat get
How farre so euer he lyste to iet
Then is hys payne more then hys wit
To wake to heuen syns he may syt   410
Syr as we were in this contencion
In came thys daw with hys inuencyon
Reuelynge vs hym selfe auauntynge
That all the soules to heuen assendynge
Are most bounde to the potycary
Bycause he helpeth most men to dye
Before whiche deth he sayeth in dede
No soule in heuen can haue hys mede
☞Pedler
℄ Why do potycaries kyll men.   420
🐟 Potycary.
℄ By god men say so now and then.
☞Pedler.
℄ And I thought ye wolde nat haue myst
To make men lyue as longe as ye lyste.
🐟 Potycary.
⚜As longe as we lyste, nay longe as they can.
☞Pedler.
℄ So myght we lyue without you than.
🐟 Potycary.   430
℄ Ye but yet it is necessary
For to haue a potycary
B.iii.

Foꝛ when ye fele your confcyens redy
I can fende you to heuen quyckly
Wherfoꝛe concernynge our mater here
Aboue thefe twayne I am beſt clere
And yf he lyſte to take me fo
I am content you and no mo
Shall be our iudge as in thys cafe
Whiche of vs thꝛe ſhall take the beſt place   440

                    ☞ Pedler.

℄ I neyther wyll iudge the beſte noꝛ woꝛſte
Foꝛ be ye bleſte oꝛ be ye curſte
Ye know it is no whyt my ſleyght
To be a iudge in maters of weyght
It behoueth no pedlers noꝛ pꝛoctours
To take on them iudgemente as doctours
But yf your myndes be onely fet
To woꝛke foꝛ foule helthe ye be well met   450
Foꝛ eche of you fomwhat doth ſhowe
That foules towarde heuen by you do growe
Then yf ye can fo well agree
To contynue togyther all thꝛe
And all you thꝛe obey on wyll
Then all your myndes ye may fulfyll
As yf ye came all to one man
Who ſhulde goo pylgrymage moꝛe then he can
In that ye palmer as debite
May clerely dyſcharde hym parde   460
And foꝛ all other fyns ones had contryſſyon
Your pardons geueth hym full remyſſyon
And then ye mayſter potycary
May fende hym to heuen by and by.

                    ☜ Potycary.

⚜ Yf he taſte this boxe nye aboute the pꝛyme
By the maſſe he is in heuen oꝛ euenfonge tyme
My craft is fuche that I can ryght well
Sende my fryndes to heuen and my felfe to hell

But syrs marke this man for he is wyse
How coulde deuyse suche a deuyce   470
For yf we thre may be as one
Then be we lordes euerychone
Betwene vs all coulde nat be myste
To saue the soules of whome we lyste
But for good order at a worde
Twayne of vs must wayte on the thyrde
And vnto that I do agree
For bothe you twayne shall wayt on me
What chaunce is this that suche an elfe
Commaunded two knaues be, besyde hym selfe   480

〜Pardoner.

❧ Nay nay my frende that wyll nat be
I am to good to wayt on the.

☞Palmer.

❀By our lady and I wolde be loth
To wayt on the better on you both

〜Pedler.

❧ Yet be ye sewer for all thys dout
Thys waytynge must be brought about
Men can nat prosper wylfully ledde   490
All thynge decayed where is no hedde
Wherfore doutlesse marke what I say
To one of you thre twayne must obey
And synnes ye can nat agree in voyce
Who shall be hed, there is no choyce
But to deuyse some maner thynge
Wherin ye all be lyke connynge
And in the same who can do beste
The other twayne to make them preste
In euery thynge of hys entente   500
Holly to be at commaundement
And now haue I founde one mastry
That ye can do in dyfferently
And is nother sellynge nor byenge

But euyn only very lyenge
And all ye thre can lye as well
As can the falsest deuyll in hell
And though afore ye harde me grudge
In greater maters to be your iudge
Yet in lyeng I can some skyll
And yf I shall be iudge I wyll
And be ye sure without flatery
Where my consciens fyndeth the mastrye
Ther shall my iudgement strayt be founde
Though I myght wynne a thousande pounde

510

        Palmer.

☛ Syr for lyeng though I can do it
Yet am I loth for to goo to it
        Pedler.

☛ Ye haue nat cause to feare to be bolde
For ye may be here vncontrolled
And ye in this haue good auauntage
For lyeng is your comen vsage
And you in lyenge be well spedde
For all your craft doth stande in falshed
Ye nede nat care who shall begyn
For eche of you may hope to wyn
Now speke all thre euyn as ye fynde
Be ye agreed to folowe my mynde
        Palmer.

520

☛ Ye by my trouth I am contente.
        Pardoner.

☛ Now in good fayth and I assente
        Potycary.

530

☛ If I denyed I were a nody
For all is myne by goddes body.
      ☛ Here the potycary hoppeth.
        Palmer.

☛ Here were a hopper to hop for the rynge
But syr thys gere goth nat by hoppynge.

540

☞ Potycary.

℃ Syr in this hoppynge I wyll hop so well
That my tonge shall hop aswell as my hele
Upon whiche hoppynge I hope and nat doute it
To hope so that ye shall hope without
⚓ Palmer.

⚜Syr I wyll neyther bolte ne brawll
But take suche fortune as may fall
And yf ye wynne this maystry
I wyll obaye you quietly   550
And sure I thynke that quietnesse
In any man is great rychesse
In any maner company
To rule or be ruled indifferently.
☞ Pardoner.

℃ By that bost thou semest a begger in dede
What can thy quyetnesse helpe vs at nede
Yf we shulde starue thou hast nat I thynke
One peny to bye vs one potte of drynke
Nay yf rychesse myghe rule the roste   560
Beholde what cause I haue to boste
Lo here be pardons halfe a dosyn
For gostely ryches they haue no cosyn
And more ouer to me they brynge
Sufficient succour for my lyuynge
And here be relykes of suche a kynde
As in this worlde no man can fynde
Knele downe all thre and when ye leue kyssynge
Who lyste to offer shall haue my blyssynge
Frendes here shall ye se euyn anone   570
Of all Hallows the blessyd iaw bone
Kys it hardely with good deuocion
⚓ Potycary.

℃ Thys kysse shall brynge vs muche promocyon
Fogh, by saynt sauyour I neuer kyst a wars
Ye were as good kysse all hallows ars
℃.i.

For by all halows me thynketh
That all halows breth stynktth
        Palmer.

℃ Ye iudge all halows breth vnknowen   580
Yf any breth stynke it is your owne.
        Potycary.

I knowe myne owne breth from all halows
Or els it were tyme to kysse the galows.
        Pardoner.

℃ Nay syrs beholde here may ye se
The great toe of the trinite
Who to thys toe any money voweth
And ones may role it in his moueth
All hys lyfe after I vndertake   590
He shall be ryd of the toth ake.
        Potycary.

I praye you torne that relyke aboute
Other the Trinite had the goute
Or elles bycause it is.iii.toes in one
God made it muche as thre toes alone.
        Potycary.

℃ Well lette that passe and loke vpon thys
Here is a relyke that doth nat mys
To helpe the leste aswell as the moste   600
This is a buttocke bone of Pentecoste.
        Potycary.

By chryste and yet for all your boste
Thys relyke hath be shyten the roste
        Pardoner.

℃ Marke well thys relyke here is a whipper
My frendes vnfayned here is a slypper
Of one of the seuen slepers be sure
Doutlesse thys kys shall do you great pleasure
For all these two dayes it shall so ease you   610
That none other sauours shall displease you.
        Potycary.

⊂ All these two dayes, nay all thys two yere
For all the sauours that may come here
Can be no worse for at a worde
One of the seuen slepers trode in a torde.
    ☞ Pedler.
⊂ Syr me thynketh your deuocion is but smal
    ☜ Pardoner.
⊂ Small mary me thynketh he hath none at all.   620
    ☞ Potycary.
⚜What the deuyll care I what ye thynke
Shall I prayse relykes when they stynke.
    ☞ Pardoner.
⊂ Here is an eye toth of the great Turke
Whose eyes be ones sette on thys pece of worke
May happely lese parte of his eye syght
But nat all tyll he be blynde out ryght.
    ☜ Potycary.
⚜What so euer any other man seeth   630
I haue no deuacion to Turkes teeth
For all though I neuer sawe a greter
Yet me thynketh I haue sene many better.
    ☞ Pardoner.
⊂ Here is a box full of humble bees
That stonge Eue as she sat on her knees
Tastynge the frute to her forbydden
Who kysseth the bees within this hydden
Shall haue as muche pardon of ryght
As for any relyke he kyst thys nyght.   640
    ☜ Palmer.
⚜Syr I wyll kysse them with all my herte.
    ☞ Potycary.
⊂ Kysse them agayne and take my parte
For I am nat worthy, nay lette be
Those bees that stonge Eue shall nat stynge me.
    ☜ Pardoner.
⊂ Good frendes I haue yet here in thys glas
      C.ii.

Whiche on the drynke at the weddynge was
Of Adam and Eue vndoutedly
If ye honor this relyke deuoutly
All though ye thurste no whyt the lesse
Yet shall ye drynke the more doutlesse
After whiche drynkynge ye shall be as mete
To stande on your hede as on your fete
                         Potycary.

℧ Ye mary now I can ye thanke
In presents of thys the reste be blanke
Wolde god this relyke had come rather
Kysse that relyke well good father
Suche is the payne that ye palmers take
To kysse the pardon bowle for the drynke sake
O holy yeste that loketh full sowr and stale
For goddes body helpe me to a cuppe of ale
The more I be holde the, the more I thurste
The oftener I kysse the, more lyke to burste
But syns I kysse the so deuoutely
Hyre me and helpe me with drynke tyll I dye
What so muche prayenge and so lytell spede
                         Pardoner.

℧ Ye for god knoweth whan it is nede
To sende folkes drynke but by saynt Antony
I wene he hath sent you to muche all redy.
                         Potycary.

℧ If I haue neuer the more for the
Then be the relykes no ryches to me
Nor to thy selfe excepte they be
More benefycyall then I can se
Rycher is one boxe of his tryacle
Then all thy relykes that do no myrakell
If thou haddest prayed but halfe so muche to me
As I haue prayed to thy relykes and the
Nothynge concernynge myne occupacion
But streyght shulde haue wrought in operacyon

650

660

670

680

And as in value I pas you an ace
Here lyeth muche rychesse in lytell space
I haue a boxe of rebarb here
Whiche is as deynty as it is dere
So helpe me god and hollydam
Of this I wolde nat geue a deam   690
To the beste frende I haue in Englandes grounde
Though he wolde geue me.xx.pounde
For though the stomake do it abhor
It pourget you cleue from the color
And maketh your stomake sore to walter
That ye shall neuer come to the halter

                    Pedler.
℃ Then is that medycyn a souerayn thynge
To preserue a man from hangynge.
                    Potycary.   700
℃ If ye wyll taste but thys crome that ye se
If euer ye be hanged neuer truste me
Here haue I diapompholicus
A speciall oyntement as doctours discuse
For a fistela or a canker
Thys oyntement is euen shot anker
For this medecyn helpeth one and other
Or bryngeth them in case that they nede no other
Here is syrapus de Byzantis
A lytell thynge is I nough of this   710
For euen the weyght of one scryppull
Shall make you stronge as a cryppull
Here be other as diossialios
Diagalanga and sticados
Blanka manna diospoliticon
Mercury sublyme and metridaticon
Pelitory and arsefetita
Casty and colloquintita
These be the thynges that breke all st ryse
Betwene mannes sycknes and his lyfe   720
                    ℃.iii.

From all payne thefe fhall you deleuer
And fet you euen at refte foꝛ euer
Here is a medecyn no mo lyke the fame
Whiche comenly is called thus by name
Alikakabus oꝛ Alkakengy
A goodly thynge foꝛ dogges that be mangy
Suche be thefe medycynes that J can
Helpe a dogge as well as a man
Nat one thynge here partycularly
But woꝛketh bniuerfally   730
Foꝛ it doth me as muche good when J fell it
As all the byers that tafte it oꝛ fmell it
Now fyns my medycyns be fo fpecyall
And in operacion fo generall
And redy to woꝛke when fo euer they fhall
So that in ryches J am pꝛincipall
Yf any rewarde may entreat ye
J befech your mafhyp be good to me
And ye fhall haue a boꝛe of marmelade
So fyne that ye may dyg it with a fpade.   740
                    ꝫ Pedler.
❧ Syꝛ J thanke you but your rewarde
Js nat the thynge that J regarde
J mufte and wyll be indifferent
Wherfoꝛe pꝛocede in your intente.
                    ꝫ Potycary.
❧ Nowe yf J wyft thys wyfh no fynne
J wolde to god J myght begynne.
                    ☞ Pardoner.
❧ J am content that thou lye fyꝛfte   750
                    ꝫ Palmer.
⚜Euen fo am J and fay thy woꝛfte
Now let bs here of all thy lyes
The greateft lye thou mayft deuyfe
And in the fewyft woꝛdes thou can
                    ꝫ Potycary.

❡ F(oꝛſ)oth ye be an honeſt man.
        🙠Palmer.
⚜There ſayde ye muche but yet no lye.
        ☞Pardoner.
🙠Now lye ye bothe by our lady
Thou lyeſt in boſt of hys honeſtie
And he hath lyed in affyꝛmynge the
        ☞Potycary.
❡ Yf we both lye and ye ſay true
Then of theſe lyes your parte adew
And yf ye wyn make none auaunt
Foꝛ ye are ſure of one yll ſeruaunte
Ye may perceyue by the woꝛdes he gaue
He taketh your maſhyp but foꝛ a knaue
But who tolde true oꝛ lyed in dede
That wyll I knowe oꝛ we pꝛocede
Syꝛ after that I fyꝛſte began
To pꝛayſe you foꝛ an honeſt man
When ye affyꝛmed it foꝛ no lye
Now by our fayth ſpeke euen truely
Thought ye your affyꝛmaciou true.
        🙠Palmer.
⚜Ye mary I foꝛ I wolde ye knewe
I thynke my ſelfe an honeſt man.
        ☞Potycary.
❡ What thought ye in the contrary than.
        🙠Pardoner.
⚜In that I ſayde the contrary
I thynke from trouth I dyd nat vary.
        ☞Potycary.
❡ And what of my woꝛdes.
        🙠Pardoner.
❡ I thought ye lyed.
        ☞Potycary.
❡ And ſo thought I by god that dyed
Nowe haue you twayne eche foꝛ hym ſelfe layde

That none hath lyed out but both truesayd
And of vs twayne none hath denyed
But both affyrmed that I haue lyed
Now syns both your trouth confes
And that we both my lye so witnes
That twayne of vs thre in one agree
And that the lyer the wynner must be
Who coulde prouyde suche euydens   800
As I haue done in this pretens
We thynketh this mater sufficient
To cause you to gyue iudgement
And to gyue me the mastrye
For ye perceyue these knaues can nat lye
                    ☙ Palmer.
℃ Though nother of vs as yet had lyed
Yet what we can do is vntryed
For yet we haue deuysed nothynge
But answered you and geuen hyrynge   810
                    ☞ Pedler.
℃ Therfore I haue deuysed one waye
Wherby all thre your myndes may saye
For eche of you one tale shall tell
And whiche of you telleth most meruell
And most vnlyke to be true
Shall most preuayle what euer ensew.
                    ☙ Potycary.
℃ If ye be set in merualynge
Then shall ye here a meruaylouse thynge   820
And though in dede all be nat true
Yet euer the most parte shall be new
I dyd a cure no lenger a go
But Anno domini millesimo
On a woman yonge and so fayre
That neuer haue I sene a gayre
God saue all women from that lyknes
This want on had the fallen syknes

Whiche by diſſent came lynyally
For her mother had it naturally   830
Wherfore this woman to recure
It was moꝛe harde ye may be ſure
But though I boſte my crafte is ſuche
That in ſuche thynges I can do muche
How ofte ſhe fell were muche to repoꝛte
But her hed ſo gydy and her helys ſo ſhoꝛte
That with the twynglynge of an eye
Downe wolde ſhe falle euyn by and by
But oꝛ ſhe wolde aryſe agayne
I ſhewed muche pꝛactyſe muche to my payne   840
For the talleſt man within this towne
Shulde nat with eaſe haue bꝛoken her ſowne
All though foꝛ lyfe I dyd nat doute her
Yet dyd I take moꝛe payne about her
Then I wolde take with my owne ſyſter
Syꝛ at the laſt I gaue her a glyſter
I thꝛuſt a thampyon in her tewell
And bad her kepe it foꝛ a iewell
But I knewe it ſo heuy to cary
That I was ſure it wolde nat tary   850
For where gonpouder is ones fyerd
The tampyon wyll no lenger be hyerd
Whiche was well ſene in tyme of thys chaunce
For when I had charged this oꝛdynaunce
Sodeynly as it had thonderd
Euen at a clap loſed her bumberd
Now marke foꝛ here begynneth the reuell
This tampion flew.x.longe myle leuell
To a fayꝛe caſtell of lyme and ſtone
For ſtrength I knowe nat ſuche a one   860
Whiche ſtode vpon an hyll full hye
At fote wherof a ryuer ranne bye
So depe tyll chaunce had it foꝛbyden
Well myght the regent there haue ryden
                              D.i.

But when this tampyon on thys castell lyght
It put the castels so farre to flyght
That downe they came eche vpon other
No stone lefte standynge by goddes mother
But rolled downe so faste the hyll
In suche a nomber and so dyd fyll   870
From botom to bryme from shore to shore
Thys forsayd ryuer so depe before
That who lyste nowe to walke therto
May wade it ouer and wet no shoo
So was thys castell layd wyde open
That euery man myght se the token
But in a good houre maye these wordes be spoken
After the tampyon on the walles was wroken
And pece by pece in peces broken
And she delyuered with suche violens   880
Of all her inconueniens
I left her in good helth and luste
And so she doth contynew I truste.
                        ☙Pedler.
℟ Syr in your cure I can nothynge tell
But to our purpose ye haue sayd well.
                        ☞Pardoner.
℟ Well syr then marke what I can say
I haue ben a pardoner many a day
And done greater cures gostely   890
Then euer he dyd bodely
Namely thys one whiche ye shall here
Of one departed within thys seuen yere
A frende of myne and lykewyse I
To her agayne was as frendly
Who fell so syke so sodeynly
That dede she was euen by and by
And neuer spake with preste nor clerke
Nor had no whyt of thys holy warke
For I was thens it coulde nat be   900

Yet harde I say she asked for me
But when I bethought me howe thys chaunced
And that I haue to heuen auaunced
So many soules to me but straungers
And coude nat kepe my frende from daungers
But she to dy so daungerously
For her soule helth especyally
That was the thynge that greued me soo
That nothynge coulde release my woo
Tyll I had tryed euen out of hande   910
In what estate her soule dyd stande
For whiche tryall shorte tale to make
I toke thys iourney for her sake
Geue eare for here begynneth the story
From hens I went to purgatory
And toke with me thys gere in my fyste
Wherby I may do there what I lyste
I knocked and was let in quyckly
But lorde how lowe the soules made curtesy
And I to euery soule agayne   920
Dyd gyue a beck them to retayne
And ared them thys question than
Yf that the soule of suche a woman
Dyd late amonge them there appere
Wherto they sayd she came nat here
Then ferd I muche it was nat well
Alas thought I she is in hell
For with her lyfe I was so acqueynted
That sure I thought she was nat saynted
With thys it channced me to snese   930
Christe helpe quoth a soule that ley for his fees
Those wordes quoth I thou shalt nat lees
Then with these pardons of all degrees
I payed hys tole and set hym so quyght
That strayt to heuen he toke his flyght
And I from thens to hell that nyght
           D.ii.

To help this woman yf I myght
Nat as who sayth by outhozite
But by the waye of entreate
And fyzst the deuyll that kept the gate   940
I came and spake after this rate
All hayle syz deuyll and made lowe curtesy
Welcome quoth he thys smillyngly
He knew me well and I at laste
Remembzed hym syns longe tyme paste
Foz as good happe wolde haue it chaunce
Thys deuyll and I were of olde acqueyntaunce
Foz oft in the play of cozpus Cristi
He hath played the deuyll at Couentry
By his acqueyntaunce and my behauoure   950
He shewed to me ryght frendly fauoure
And to make my returne the shozter
I sayd to this deuyll good mayster pozter
Foz all olde loue yf it lye in your power
Helpe me to speke with my lozde and your
Be sure quoth he no tongue can tell
What tyme thou coudest haue come so well
Foz thys daye lucyfer fell
Whiche is our festyuall in hell
Nothynge vnreasonable craued thys day   960
That shall in hell haue any nay
But yet be ware thou come nat in
Tyll tyme thou may thy paspozte wyn
Wherfoze stande styll and I wyll wyt
Yf I can get thy saue condyt
He taryed nat but shoztely gat it
Under seale and the deuyls hande at it
In ample wyse as ye shall here
Thus it began Lucyfere
By the power of god chyefe deuyll of hell   970
To all the deuyls that there do dwell
And euery of them we sende gretynge

Under ſtreygyt charge and commaundynge
That they aydynge and aſſyſtent be
To ſuche a pardoner and maned me
So that he may at lybertie
Paſſe ſaue without hys ieopardy
Tyll that he be from vs extyncte
And clerely out of helles precincte
And hys pardons to kepe ſauegarde   980
We wyll they lye in the porters warde
Geuyn in the fornes of our palys
In our hye courte of maters of malys
Suche a day and yere of our reyne
God ſaue the deuyll quoth I for playue
I truſte thys wrytynge to be ſure
Then put thy truſte quoth he in euer
Syns thou art ſure to take no harme
Thys deuyll and I walket arme in arme
So farre tyll he had brought me thyther   990
Where all the deuyls of hell togyther
Stode in a ray in ſuche apparell
As for that day there metely fell
Theyr hornes well gylt theyr clowes full clene
Theyr taylles well kempt and as I wene
With Sothery butter theyr bodyes anoynted
I neuer ſawe deuyls ſo well appoynted
The mayſter deuyll ſat in his iacket
And all the ſoules were playnge at racket
None other rackettes they hadde in hande   1000
Saue euery ſoule a good fyre brande
Wherwith they played ſo pretely
That Lucyfer laughed merely
And all the reſedew of the frendes
Dyd laugh full well togytther lyke frendes
But of my frende I ſawe no whyt
Nor durſt nat axe for her as yet
Anone all this rout was brought in ſilens
                                    D.iii.

And J by an vſher bꝛought in pꝛeſens
Then to Lucyfer low as J coude　　　　　　　　　　　1010
J knelyd whiche he ſo well alowde
That thus he beckte and by ſaynt Antony
He ſmyled on me well fauoꝛedly
Bendynge hys bꝛowes as bꝛode as barne durres
Shakynge hys eares as ruged as burres
Rolynge hys yes as rounde as two buſhels
Flaſtynge the fyꝛe out of his noſe thꝛyls
Gnaſhynge hys teeth ſo vayngloꝛonſely
That me thought tyme to fall to flatery
Wherwith J tolde as J ſhall tell　　　　　　　　　　1020
O pleſant pycture O pꝛince of hell
Feutred in faſhyon abominable
And ſyns that is ineſtimable
Foꝛ me to pꝛayſe the woꝛthyly
J leue of pꝛays vnwoꝛthy
To geue the pꝛays beſechynge the
To heare my ſewte and then to be
So good to graunt the thynge J craue
And to be ſhoꝛte thys wolde J haue
The ſoule of one whiche hyther is flytted　　　　　　1030
Deliuered hens and to me remitted
And in thys doynge though al be nat quyt
Yet ſome parte J ſhall deſerue it
As thus J am a pardoner
And ouer ſoules as a controller
Thoꝛough out the erth my power doth ſtande
Where many a ſoule lyeth on my hande
That ſpede in maters as J vſe them
As J receyue them oꝛ refuſe them
Wherby what tyme thy pleaſure is　　　　　　　　1040
J ſhall requyꝛe any part of thys
The leſte deuyll here that can come thyther
Shall choſe a ſoule and bꝛynge hym hyther
Nowe quoth the deuyll we are well pleaſed

What is hys name thou woldest haue eased
Nay quoth I be it good oʒ euyll
My comynge is foʒ a she deuyll
What calste her quoth he thou hoʒyson
Foʒsoth quoth I Margery cooʒson
Now by our honour sayd Lucyfer   1050
No deuyll in hell shall witholde her
And yf thou woldest haue twenty mo
Were nat foʒ iustyce they shulde goo
Foʒ all we deuyls within thys den
Haue moʒe to do with two women
Then with all the charge we haue besyde
Wherfoʒe yf thou our frende wyll be tryed
Aply thy pardons to women so
That vnto vs there come no mo
To do my beste I pʒomysed by othe   1060
Whiche I haue kepte foʒ as the fayth goth
At thys dayes to heuen I do pʒocure
Ten women to one man be sure
Then of Lucyfer my leue I toke
And streyght vnto the mayster coke
I was hadde into the kechyn
Foʒ Margaryes offyce was ther in
All thynge handled there discretely
Foʒ euery soule bereth offyce metely
Whiche myght be sene to se her syt   1070
So bysely turnynge of the spyt
Foʒ many a spyt here hath she turned
And many a good spyt hath she burned
And many a spyt full hoth hath tosted
Befoʒe the meat coulde be halfe rosted
And oʒ the meate were halfe rosted in dede
I toke her then fro the spyt foʒ spede
But when she sawe thys bʒought to pas
To tell the ioy wherin she was
And of all the deuyls foʒ ioy how they   1080

Dyd roze at her delyuery
And how the cheynes in hell dyd rynge
And how all the soules therin dyd synge
And how we were brought to the gate
And how we toke our leue therat
Be suer lacke of tyme sufferyth nat
To reherse the.xx.parte of that
Wherfore thys tale to conclude breuely
Thys woman thanked me chyefly
That she was ryd of thys endles deth　　　　　　　　　　1090
And so we departed on new market heth
And yf that any man do mynde her
Who lyste to seke her there shall he fynde her

☙ Pedler.

℀ Syr ye haue sought her wonders well
And where ye founde her as ye tell
To here the chaunce ye founde in hell
I fynde ye were in great parell.

☞ Palmer.

⚜ His tale is all muche parellous　　　　　　　　　　　1100
But parte is muche more meruaylous
As where he sayde the deuyls complayne
That women put them to suche payne
By theyr condicions so croked and crabbed
Frowardly fashonde so waywarde and wrabbed
So farre in deuision and sturrynge suche stryfe
That all the deuyls be wery of theyr lyfe
This in effect he tolde for ttueth
Wherby muche muruell to me ensueth
That women in hell suche shrewes can be　　　　　　　1110
And here so gentyll as farre as I se
Yet haue I sene many a myle
And many a woman in the whyle
Nat one good cytye, towne, nor borough
In cristendom but I haue ben through
And this I wolde ye shulde vnderstande

I haue sene women.v.hundred thousande
And oft with them haue longe tyme maryed
Yet in all places where I haue ben
Of all the women that I haue sene 1120
I neuer sawe nor knewe in my consyens
Any one woman out of paciens.

         Potycary.
❡ By the masse there is a greatlye
        Pardoner.
I neuer harde a greater by our lady
         Pedler.
❡ A greater nay knowe ye any so great.
        Palmer.
Syr whether that I lose or get 1130
For my parte iudgement shall be played.
        Pardoner.
And I desyer as he hath sayd
        Potycary.
❡ Procede and ye shall be obeyed.
        Pedler.
❡ Then shall nat iudgement be delayd
Of all these thre yf eche mannes tale
In Poules churche yarde were set on sale
In some mannes hande that hath the sleyghte 1140
He shulde sure sell these tales by weyght
For as they wey so be they worth
But whiche weyth beste to that now forth
Syr all the tale that ye dyd tell
I bere in mynde and yours as well
And as ye sawe the mater metely
So lyed ye bothe well and discretely
Yet were your lyes with the lest truste me
For yf ye had sayd ye had made fle
Ten tampyons out of ten womens tayles 1150
Ten tymes ten myle to ten castels or iayles
And fyll ten ryuers ten tymes so depe
          E.i.

As ten of that whiche your castell stones dyde kepe
Or yf ye ten tymes had bodely
Fet ten soules out of purgatory
And ten tymes so many out of hell
Yet by these ten bonnes I coulde ryght well
Ten tymes sonner all that haue beleued
Then the tenth parte of that he hath meued.

ᴥ Potycary.   1160

℃ Two knaues before.i.lacketh.ii.knaues of fyue
Then one and th⟨e⟩n one and bothe knaues a lyue
Then two and then two and thre at a cast
Thou knaue and thou knaue and thou knaue at laste
Nay knaue yf ye tryme by nomber
I wyll as knauyshly you accomber
Your mynde is all on your pryuy tythe
For all in ten me thynketh your wit lythe
Now ten tymes I beseche hym that hye syttes
Thy wyfes.x.comaudementes may serch thy.v.wittes   1170
Then ten of my tordes in ten of thy teth
And ten of thy nose whiche euery man seth
And twenty tymes ten this wysshe I wolde
That thou haddest ben hanged at ten yere olde
For thou goest about to make me a slaue
I wyll thou knowe yf I am a gentylman knaue
And here is an other shall take my parte.

                               ☞ Pardoner.

⚜ Nay fyrste I be shrew your knaues herte
Or I take parte in your knauery   1180
I wyll speke fayre by one lady
Syr I beseche your mashyp to be
As good as ye can be to me.

                               ᴥ Pedler.

℃ I wolde be glade to do you good
And hym also be he neuer so wood
But dout you nat I wyll now do
The thynge my consciens ledeth me to

Both your tales J take farre impoſſyble
Yet take J his father incredyble   1190
Nat only the thynge it ſelfe alloweth it
But alſo the boldenes therof auoweth it
J knowe nat where your tale to trye
Noz yours but in hell oz purgatozye
But hys boldnes hath faced a lye
That may be tryed euyn in thys companye
As yf ye lyſte to take thys ozder
Amonge the women in thys bozder
Take thze of the yongeſt and thze of the oldeſt
Thze of the hoteſt and thze of the coldeſt   1200
Thze of the wyſeſt and thze of the ſhzewdeſt
Thze of the loweſt and thze of the hyeſt
Thze of the fartheſt and thze of the nyeſt
Thze of the fayzeſt and thze of the maddeſt
Thze of the fowleſt and thze of the ſaddeſt
And when all theſe thzees be had a ſonder
Of eche thze two iuſtly by nomber
Shall be founde ſhzewes excepte thys fall
That ye hap to fynde them ſhzewes all
Hym ſelfe foz trouth all this doth kuowe   1210
And oft hath tryed ſome of thys rowe
And yet he ſwereth by his conſciens
He neuer ſaw woman bzeke paciens
Wherfoze conſydered with true entente
Hys lye to be ſo euident
And to appere ſo euydently
That both you affyzmed it a ly
And that my conſciens ſo depely
So depe hath ſought thys thynge to try
And tryed it with mynde indyfferent   1220
Thus J awarde by way of iudgement
Of all the lyes ye all haue ſpent
Hys lye to be moſt excellent.
                    ☙ Palmer.

Syr though ye were bounde of equyte
To do as ye haue done to me
Yet do I thanke you of your payne
And wyll requyte some parte agayne.
        ☞ Pardoner.
℃ Mary syr ye can no les do
But thanke hym as muche as it cometh to
And so wyll I do for my parte
Now a bengeaunce on thy knaues harte
I neuer knewe pedler a iudge before
Nor neuer wyll truste pedlynge knaue more
What doest thou there thou horson nody.
        ☞ Potycary.
℃ By the masse lerne to make curtesy
Curtesy before and curtesy behynde hym
And thenon eche syde the deuyll blynde hym
Nay when I haue it perfytly
Ye shall haue the deuyll and all of curtesy
But it is nat sone lerned brother
One knaue to make curtesy to another
Yet when I am angry that is the worste
I shall call my mayster knaue at the fyrste.
        ☙ Palmer.
℃ Then wolde some mayster perhappes clowt ye
But as for me ye nede nat doute ye
For I had leuer be without ye
Then haue suche besynesse about ye.
        ☞ Pardoner.
℃ So helpe me god so were ye better
What shulde a begger be a ietter
It were no whyt your honestie
To haue vs twayne iet after ye.
        ☙ Potycary.
☙ Syr be ye sure he telleth you true
Yf we shulde wayte thys wolde ensew
It wolde be sayd truste me at a worde

Two knaues made curtesy to the thyrde

        ☞Pedler.

❡ Now by my trouth to speke my mynde
Syns they be so loth to be assyned
To let them lose I thynke it beste
And so shall ye lyue beste in rest

        ☜Palmer.

❡ Syr I am nat on them so fonde
To compell them to kepe theyr bonde
And lyns ye lyste nat to wayte on me   1270
I clerely of waytynge dyscharge ye.

        ☞Pardoner.

❡ Mary syr I hertely thanke you.

        ☜Potycary,

⚜And I lyke wyse I make god auowe

        ☞Pedler.

❡ Now be ye all euyn as ye begoon
No man hath loste nor no man hath woon
Yet in the debate wherwith ye began
By waye of aduyse I wyll speke as I can   1280
I do perceyue that pylgrymage
Is chyefe the thynge ye haue in vsage
Wherto in effecte for loue of Chryst
Ye haue or shulde haue bene entyst
And who so doth with suche entent
Doth well declare hys tyme well spent
And so do ye in your pretence
If ye procure thus indulgence
Unto your neyghbours charytably
For loue of them in god onely   1290
All thys may be ryght well applyed
To shewell you both well occupyed
For though ye walke nat bothe one waye
Yet walkynge thus thys dare I saye
That bothe your walkes come to one ende
And so for all that do pretende

        ⟨E.iii.⟩

By ayde of goddes grace to enfewe
Any maner kynde of vertue
As fome great almyfe for to gyue
Some in wyllfull pouetie to lyue 1300
Some to make hye wayes and fuche other warkes
And fome to mayntayne preftes and clarkes
To fynge and praye for foule departed
Thefe with all other vertues well marked
All though they be of fondry kyndes
Yet be they nat vfed with fondry myndes
But as god only doth all thofe moue
So euery man onely for his loue
With loue and dred obediently
Worketh in thefe vertues vnyformely 1310
Thus euery vertue yf we lyfte to fcan
Is pleafaunt to god and thankfull to man
And who that by grace of the holy gofte
To any one vertue is moued mofte
That man by that grace that one apply
And therin ferue god moft plentyfully
Yet nat that one fo farre wyde to wrefte
So lykynge the fame to myflyke the refte
For who fo wrefteth hys worke is in vayne
And euen in that cafe I perceyue you twayne 1320
Lykynge your vertue in fuche wyfe
That eche others vertue you do dyfpyfe
Who walketh thys way for god wolde fynde hym
The farther they feke hym the farther behynde hym
One kynde of vertue to dyfpyfe another
Is lyke as the fyfter myght hange the brother.
              Potycary.
For fere left fuche parels to me myght fall
I thanke god I vfe no vertue at all
                Pedler. 1330
That is of all the very worfte waye
For more harde it is as I haue harde faye

To begynne vertue where none is pretendyd
Then where it is begonne the abuse to be mended
How be it ye be nat all to begynne
One syne of vertue ye are entred in
As thys I suppose ye dyd saye true
In that ye sayd ye vse no vertue
In the whiche wordes I dare well reporte
Ye are well be loued of all thys sorte   1340
By your raylynge here openly
At pardons ond relyques so leudly.

      Potycary.

❡ In that I thynke my faute nat great
For all that he hath I knowe conterfete.

      Pedler.

✠For his and all other that ye knowe fayned
Ye be nother counceled nor constrayned
To any suche thynge in any suche case
To gyue any reuerence in any suche place   1350
But where ye dout the truthe nat knowynge
Beleuynge the beste good may be growynge
In iudgynge the beste no harme at the leste
In iudgynge the worste no good at the beste
But beste in these thynges it semeth to me
To make no iudgement vpon ye
But as the churche doth iudge or take them
So do ye receyue or forsake them
And so be sure ye can nat erre
But may be a frutfull folower.   1360

      Potycary.

❡ Go ye before and as I am true man
I wyll folow as fastt as I can.

      Pardoner.

✠And so wyll I for he hath sayd so well
Reason wolde we shulde folowe hys counsell.

      Palmer.

❡ Then to our reason god gyue vs his grace

That we may folowe with fayth so fermely
His commaundementes, that we maye purchace 1370
Hys loue, and so consequently
To byleue hys churche faste and faythfully
So that we may accordynge to his promyse
Be kepte out of errour in any wyse
And all that hath scapet vs here by neglygence
We clerely reuoke and forsake it
To passe the tyme in thys without offence
Was the cause why the maker dyd make it
And so we humbly beseche you take it
Besechynge our lorde to prosper you all 1380
In the fayth of hys churche vniuersall
Finis.

℃ Imprynted at London in Fletestrete at the
sygne of the George by Wyllyam
Myddylton.∴